# 爆買い
# と
# 反日
# 中国人の
# 不可解な
# 行動原理

柯《か》 隆《りゅう》
Ke Long

# まえがき

「中国人とは何か?」。日本でエコノミストとしてお話をしていると常に投げ掛けられる質問だ。本書の編集者と話していても、いつもこの話になった。

「爆買いと反日」という言葉は日本から中国を見た時にまず思い浮かぶ言葉のようで、本書の編集者はこれをシンボリックなタイトルにして「中国人という謎」を解く本を書くように依頼してきた。

本書は、爆買いや反日について直接書いたものではないが、「爆買いと反日」に代表される中国人のホンネとタテマエに踏み込み、編集者の問いには答えられたと思う。

中国は巨大な国家であり、その全容を把握するのは難しい。特に、中国人の行動パターンは変わりやすく、外国人にとって中国はまるで謎の国である。中国人は日本人以上にホンネとタテマエが乖離《かい》している。それゆえ、何が本当の中国なのか分からない。個人的には中国経済を専門に研究するエコノミストとして常に謙虚な気持ちを持つよう心掛けているつもりである。世の中には、自分が中国人だからといって中国の専門家の顔をする者が少なくない。そういう者は筆者にとっていつも反面教師である。

ところで、中国経済に関する本は何冊も出版してきたが、中国経済以外の本を一冊書いてみたいと以前から思っていた。しかし、実際に執筆に着手しようとすると、やはり門外漢であり、浅薄な考察に基づいた本を執筆することはできない。

ピーク時には毎月のように中国に出張していたが、経済調査のついでに中国人と中国社会を考察するようにしてきた。その意味で本書は長年にわたる中国経済調査研究の副産物といえる。ここで断っておきたいのは、経済以外の事象を書いたので、専門家として書いたものではなく、中国人の眼から見た中国社会と中国人を率直に書いたものと理解していただければ幸いである。

柯　隆

２０１６年１月７日

目次

## 第2章 中国人の「身分」——戸籍に縛りつけられた人々 67

## 第4章　中国人の人格――高いプライドと「仮面」　125

## 第8章　醜い中国人　247

## 中国の歴史（中華人民共和国建国以降）

1949年　毛沢東共産党主席、北京で中華人民共和国成立を宣言。蔣介石の「中華民国政府」は台湾に撤退。
1952年　日本が台湾と日華平和条約を調印。
1966年　文化大革命開始。劉少奇らが失脚。
1971年　米大統領補佐官キッシンジャーが訪中。国連総会でアルバニア決議が採択され、中国が国連代表権を獲得（台湾は国連を退去）。
1972年　ニクソン米大統領訪中。田中角栄首相が訪中「日中共同声明」を発表し日中国交正常化。
1975年　蔣介石逝去。
1976年　周恩来逝去。毛沢東逝去。四人組が逮捕され、文化大革命終結。
1978年　「改革・開放」時代に（先富論）。「四つの近代化」（三中全会）が定着。日中平和友好条約を調印。
1979年　米中国交正常化。中越戦争勃発。
1982年　胡耀邦、中央共産党総書記に選ばれる。
1989年　趙紫陽が失脚。「六・四」天安門事件（第２次天安門事件）。
1989年　江沢民が中国共産党総書記に選ばれる。
1992年　鄧小平が南巡講話を発表。天皇・皇后両陛下が初めて訪中。
1993年　江沢民が国家主席に選ばれる。
1996年　台湾の総統選挙に際し、中国人民解放軍が台湾沖にミサイル発射。米国は空母機動艦隊を派遣。
1997年　鄧小平逝去。香港返還。
1998年　朱鎔基が国務院総理に選ばれる。
1999年　ポルトガルからマカオが返還される。
2001年　海南島付近で米中軍用機衝突。江沢民「三つの代表」論発表。
2002年　胡錦濤が中国共産党総書記に選ばれる。
2003年　胡錦濤が国家主席、温家宝が国務院総理に選ばれる。
2004年　胡錦濤が中央軍事委員会主席に選ばれる。
2005年　日本の国連安保理常任理事国入りに反対する反日デモが発生。
2008年　北京オリンピック開催。
2010年　尖閣諸島での中国漁船衝突事件。
2012年　習近平が中国共産党総書記、中央軍事委員会主席に選ばれる。尖閣諸島「国有化」に反対する反日デモが発生。
2013年　習近平が国家主席に選ばれる。国務院総理に李克強が選ばれる。共産党中央規律検査委員会で「虎もハエも叩く」と汚職摘発（反腐敗）へ。

# 序章　中国という国

外国人の目から見た時、中国は世界中で最も不可解な国である。

さらに言えば、そこで暮らす中国人は世界中で最も不可解な存在である。

「中国と中国人」について外国人が知らなさすぎることがその理由なのだが、実際、ロンドンやニューヨークでは、チャイナタウン（中華街）は近寄りがたい場所になっている。

しかし、中国人自身も自分たちのことをすべて理解しているわけではない。それ故、「中国と中国人」は文化人類学者、歴史学者、経済学者、政治学者などの社会科学研究者にとって、最も魅力的な研究対象である。

中国人の行動パターンを伝統的儒教の思想で解釈しようとする試みがある。

しかし、**現在の中国は、毛沢東による文化大革命（1966〜77年）によって、儒教思想などの伝統はすでに壊れてしまっている。**儒教が説く五つの徳目「仁、義、礼、智、信」はもはや今の中国人の行動パターンを定義する規範ではなくなった。

## 中国が世界の中心

多くの中国人はそのDNAのレベルにおいて、自分の国が「世界の中心」であると信じている。

その自信の出所はよく分からないが、その考えが時々行動に出てくることがある。

それは中国人が世界を知らないからであり、あるいは、そもそも中国人は世界を知ろうとしないからである。中国人の多くはまるで「井の中の蛙」のような存在である。

そのことは中国の指導者も例外ではない。

**1949年に中華人民共和国を建国した毛沢東が生涯で海外に出たのはモスクワに行った2回だけ**であり、それ以外の外国はまるで知らない。だから、彼にとっての中国は「世界そのもの」だった。

1971年、中国（北京）が国連加盟を果たした時、中国の国内経済は破綻状態にあったが、国連で演説した中国代表が見せた自信は尋常なものではなかった。

中国代表らの自信は何によって支えられたものなのだろうか。

さらに時代は下り、2010年に横浜で開催されたAPECサミットの時、外国首脳は主催者が用意してくれたコーヒーやミネラルウォーターなどを飲んでいたが、ただ一人だけ、中国の胡錦濤国家主席（当時）は秘書が持参したポットに入っている中国茶を飲んでいた。これは国際的な儀典（プロトコル）に反することではないが、できれば、そうしない方が良いと思われる行為である。

中国人がどんなに不利な立場に置かれたとしても、必ず口にする言葉は「中国は古くからある文明的な国家」というものである。

**おそらく中国の古代文明こそが中国人の自信を支えているに違いない。**

例えば、自国の文明をほとんど学んでいない中国人でさえも、何となく自国に対して誇りを感じている。中国の知識人は時々、日中関係について公の場で、「中国はかつては日本の師匠だったではないか」と自慢げに語る。

## 国民としてのアイデンティティ

米国の国際政治学者、サミュエル・ハンチントンはその著書、*Who are we?*（邦訳『分断されるアメリカ―ナショナル・アイデンティティの危機』集英社）で、米国人のアイデンティティの在り方に一石を投じた。
「移民国家」である米国の人々は常にアイデンティティの問題に直面する。米国人のアイデンティティを強固なものとするには、国造りにおいて一人ひとりが参加者であり、主人公であると自覚し続けなければならない。

それに対して、日本の人々は日々の生活でアイデンティティを意識することは少ないと思われる。自分たちは日本人である以外に何者でもないと考えている（アイヌ民族や沖縄の人々等は別として）。**日本人は外国の素晴らしい文化や技術を取り込むだけでなく、それを日本社会に適応するように改良してきた。**

こうした「日本化」のプロセスこそが日本人のアイデンティティを守ってきたと思われる。

## 言語や文化が中国を束ねている

では、中国人のアイデンティティをどのように定義すればよいのだろうか。
秦の始皇帝は天下（中国）を統一した時に、文字、交通ルール、度量衡などを全国的に統一した。中国では、人民のアイデンティティを守るためには、差し当たってルールや社会的インフラとなるような文化を皆で共有することが重要である。

毛沢東は、繁体字から簡体字に移行することを指示し、国務院が「漢字簡化方案」を採用して、学校教育で徹底した。また、ラジオでは方言を使っていた番組をすべて禁止した。ちなみに方言は国内に群雄割拠をもたらす社会的インフラの一つだ。**20年ほど前に、米国防総省の研究グループは、もし中国が分裂するとすれば方言ごとに地域が分かれるだろうという分析を行っている。**

中国人を束ねているのは言葉に代表される「文化」である。「文化」を共有することで中国人のアイデンティティが強化される。

また、**中国人は海外に移住（移民）することにほとんど抵抗はない。**かつて生活が苦しい人たちは海外へ移民し活路を切り拓いた。今では富裕層も海外へ移民している。ただし、その際、中国人としての文化は決して捨てない。

## 中心に位置するのは漢民族

中国文化は漢民族の文化である。

**従って、中国が他の民族や外国人を受け入れる条件は「漢民族の文化を習得すること」となる。**

元や清の時代も騎馬民族は漢民族の文化を全面的に受け入れた。

特に、清の時代、満州族はほぼ完全に漢民族に同化した。今、満州族の末裔《まつえい》の多くは漢民族の苗字（例えば、張、趙、李）を名乗っている。そうした背景があり、中国では、「大家庭」（ビッグファミリー）という言葉が好んで使われる。

このことについて、米国を代表する中国研究者の一人であるプリンストン大学のペリー・リンク名誉教授は次のように述べている。「『中国人』という表現は中国の多数派『漢民族』のことを実質的に意味する。シンガポールやサンフランシスコの漢民族ファミリーは何世代を経ても外国在住の中国人を意味する『華僑』とみなされる。これに対して、新疆ウイグルからウズベキスタンのサマルカンドに移住したウイグルが『華僑』とみなされることはない」

つまり、**中国人とは漢民族のことのみを意味する**ということである。

## ▦食と料理は特別なもの

もし米国人に一番大切なものは何かと尋ねれば、おそらく多くの米国人は、「自由、人権、民主主義」と答えるに違いない。これらの要素はすでに米国人のＤＮＡに入っている。日本人に同じ質問をすれば、「特にない」と答える人が相当いるだろう。それだけ日本社会は平和なのである。では、中国人にとって一番大切なことは何だろうか。

**それは間違いなく「料理」である。**

英国人や米国人は世界中を旅行してお金が無くなった時、その土地で英会話を教えれば、何とか食べていける。一方、**中国人が海外でやっていくには、特技がなくても、フライパンを買ってきて、中華料理を作って売れば、それで生活していくことができる。**中国人にとって「料理」とは特別なものなのである。

長い間、中国では経済政策は「菜籃子工程」（野菜かごプロジェクト）と呼ばれてきた。すなわち、経済政策の実行において最も重要なのは食品価格を安定させることである。毛沢東時代の経済政策の最大の失敗は、権力闘争をやり過ぎて全国的な食糧不足が起こしたことにあった。**いかなる外国人も中国人の行動パターンを理解するために、まず、中国人の食に対する特別な思いと意識を理解しておく必要がある。**

中国社会科学院米国研究所元所長の資中筠教授は回顧録の中で、食に関する重要な記述をしている。

1972年にニクソン米大統領が訪中し、1979年に米中国交回復をしてからしばらくの間、資教授は米国の代表団の専属通訳を担当していた。80年代初期、米国での研究のため、資教授がしばらくワシントンに滞在していたところ、かつて通訳で世話になったことのある議員の一人が資教授が訪米していることを知り、ぜひ彼女を昼食に招待したいと申し入れた。議員の秘書を通じて会食の日時も決まった。

昼食の前日に、資教授のところに秘書から電話がかかり、「明日のランチはサンドイッチですが、チーズサンド、野菜サンド、卵サンド…、どれになさいますか」と聞かれた。これは**中国人の持つ食文化の意識からすれば、ぎりぎりセーフ**といったところだろう。なぜぎりぎりなのかと言えば、かなり質素な献立だからである。

同じ回顧録に資教授は英国訪問の際のエピソードも記している。

ある日、オックスフォード大学の某教授にアポを取り、ロンドンから北西に約100キロ離れたオックスフォードへインタビューしに行ったのだが、夕方の約束の時間にその教授を訪ねたところ、「ロシアからの訪問者が来ているので、少々お待ちください」と言われ、ずいぶん待たされた。1時間以上待った資教授は再び、某教授の部屋のドアをノックすると、「ロシアからの客とこれから食事に出かけるが、あなたとの面会はそれからにさせてください」と言われたという。

結局、このインタビューは実現せず、そのまま、資教授はロンドンに帰ってしまった（むろん、英国の某教授の傲慢《ごうまん》さは中国人の食文化に対する理解の足りなさをはるかに上回るものであるが…）。

## 食通は出世する

**中国で出世する人には、ある共通点がある。それは食通だということである。**

この場合の「食通」とは必ずしも料理が上手である必要はない。食材をいかにしておいしく食べられるかを知っている人のことである。

すなわち、**食材を人と見なした場合、出世する人が部下を使いこなせるかどうかは、食通がさまざまな食材をうまく生かす方法を知っているかどうかと同じである。**つまり、食について無頓着な人間は、部下を効率よく配置し、最大限に生かすことができないのである。

米国人と食事をする時には、宗教や人種のことなど、触れてはいけない話題がある。その際の無難な話題の一つはスポーツである。中国では政治問題がタブーである。**宴席における中国人幹部との会話で最も無難な話題は食文化である。**この点を心得ることは何よりも大事なことである。

## 中国人のメンツ

食の大切さに加えて、**中国人にとって一番重要なことは自分のメンツがつぶされないことである。**中国では、原理原則を守ることが重要だが、その上で、相手のメンツをつぶさないことが何より重要である。

尖閣諸島（中国名「釣魚島」）の問題で日中関係がこじれて悪化したきっかけは、２０１２年、ロシア・ウラジオストクで開催されたＡＰＥＣで胡錦濤国家主席が野田佳彦首相に「島の現状を変えてはならない」と念を押したにもかかわらず、野田首相は帰国後、早々に島を「国有化」し、記者発表したことである。

中国の立場に立って言えば、日本は実質的に島を占領している。その現状を維持すれば、中国国内のナショナリズムが刺激されなくて済む。

だから、胡錦濤国家主席は念を押したのだが、**外交上、原理原則は重要だとしても、「彼を知り己を知れば百戦殆《あや》うからず」というように、相手の立場を十分理解しておく必要がある。**

**中国人同士でも、付き合いが失敗する原因の多くは、相手のメンツをつぶしてしまうことである。**

しかし、メンツとはどういうものなのだろうか。

中国語では、メンツのことを「面子」と書き、「顔」や「面目」のことを指す。中国に出張していろいろな人に出会い、名刺交換をすると、時々、「著名画家」とか「著名経済学家」と書かれている名刺をもらうことがある。

これは私の名刺に「著名エコノミスト」と書いて渡すようなものである。**日本人の価値観からすれば、明らかに理解できないだろう。**

しかし、**この場合の「著名画家」と「著名経済学家」はその人のメンツなのである。**もし名刺交換の場で、こちらから相手に対して、「何が著名画家だ、自分のことをそんな風に言いますかね」などと言ってしまうと、相手のメンツをつぶすことになる。

だから、中国では相手のメンツを立てるのが一般的である。すなわち、「著名画家」の名刺を見たら、「すごいですね。どういう絵をお描きになっていらっしゃるのですか。ぜひ見せてください」などと言えば、相手もいい気分になる（むろん、たいていの場合、自分のことを「著名画家」や「著名経済学家」と自称する者はたいした人物ではない）。

私はエコノミストとして、これまで中国経済に関して多くの論文や記事を書いてきたが、本書では新たな挑戦として、社会学や文化人類学等の視点から中国人と中国社会を考察することにした。

　とはいえ、社会学と文化人類学の造詣がない筆者としては理論的な考察をすることはできない。長年、経済調査で考察してきた中国人と中国をあえて経済統計を用いず、より平易な文章で描写していくこととする。

# 第1章

## 中国人は本当に愛国なのか

### ——いまだに解けない毛沢東時代の洗脳

日本の一部の評論家は、中国で「愛国教育」が行われていることを問題視し、「愛国教育」によって中国の若者が「反日的」になっていると指摘している。

はたしてそうなのだろうか。

中国の「愛国教育」が若者の反日感情を引き起こしているという指摘が正しいかどうかは慎重に検討すべき問題である。また、仮に「愛国教育」が若者の反日感情をあおったとして、それが、どれほどの効果をもたらしたのかを検証する必要がある。

# 1 みせかけの愛国、愛党

## 愛国を呼び掛ける「腐敗官僚」

まず、明らかにすべきは「愛国教育」の中身である。

「愛国教育」は中国で歌われる、ある歌のタイトル、「没有共産党就没有新中国」（共産党がなければ新中国もない）という言葉に象徴されている。

**この歌は、タイトルと歌詞の一部をひそかにすり替えている。すなわち、「国を愛する**

**こと」であるべきところを「共産党を愛する」に替えてしまった。**

この歌の歌詞は、中国人の今日の幸せ（実際に幸せかどうかは別問題）な生活はすべて共産党のおかげだという内容になっている。ここで、問われるのは中国人が心から共産党を愛しているかどうかである。

共産党幹部や一部の知識人は口では「共産党を愛する」と叫んでいるが、実際の行動は明らかに共産党の威信を損ねている。

**共産党幹部には「裸官《ルオグアン》」という類の幹部がいる。**

「裸官」とは、妻子を欧米などの先進国に移住させ、自分一人だけが中国国内に残り「頑張る」幹部のことである。

**「頑張る」というのは職権を利用し、収賄や横領などで金を荒稼ぎし、それを海外にいる妻子に仕送りするという意味である。**

皮肉なことにこうした「裸官」も、共産党の政治学習で部下たちに「愛国」を呼び掛けている。おそらく社会主義中国の文化では、**共産党幹部にとって「愛国」を呼び掛けることが自分自身の政治的立場をアピールする一番の言葉なのであろう。**

2014年10月、習近平国家主席は一部の作家や芸能人を集め、文芸工作座談会を開き、そこで演説を行った。

演説では、政府を批判するリベラルな知識人について**「共産党の飯を口にしながら、共産党の鍋を打ち壊すような行為は絶対に許さない」と述べた**。つまり、いかなる者であっても、共産党を批判する行為は許されないということである。

リベラルな知識人は政府の過ちを批判しているが、共産党はその批判が共産党の統治を揺るがすのではないかと恐れている。しかし、建設的な批判を恐れているようでは、共産党の統治は安定しない。

## ■「為人民服務」

北京の中心部に共産党指導者たちの住宅と執務室を兼ねる「中南海」と呼ばれる場所がある。その中には関係者以外は入れないが、目抜き通りの長安街に向いている正門には「為人民服務」と書かれた塀があるのを見ることができる。

**「為人民服務」とは、「すべての共産党幹部は人民に奉仕せよ」という呼び掛けである。**

しかし、実際に人民に奉仕する意思を持っている共産党幹部、とりわけ高級幹部は何人いるのだろうか。

かつて、毛沢東は中華人民共和国が成立した時、故宮（紫禁城）に住居と執務室を構えようとしたと言われている。建国初期で毛沢東の権威が完全に確立されていなかったため、結果的に、周囲の反対で故宮に住むことはできなかった。それで最終的に、中南海に住むことになった。

共産党の文献には、毛沢東は生涯大変質素な生活を送っていたとの記述が随所に書かれている。**しかし、後に毛沢東の秘書や主治医たちはその回顧録で毛沢東の贅沢三昧《ぜいたくざんまい》な生活ぶりを明らかにした。**

具体的に一例を挙げると、毛沢東は湖北省武漢で取れる武昌魚（バスの一種）が好きで、毎週生きた武昌魚を北京に空輸させていた。また、新しい靴を履く時は足が痛くならないように、まず、衛兵たちに新しい靴を履かせて十分に慣らしてから、自分が履くようにしていた。

さらに主要都市（広州、杭州、武漢、南昌など）の幹部に自分のための別荘を造らせ、その中には、生涯一度も利用したことがない別荘もあったが、毛沢東の生前は、その場所を毛沢東以外の人が利用することは許されなかった。

毛沢東はヒラの共産党員には人民に対する奉仕を強要したが、毛沢東を含む共産党高級幹部は最初から人民に奉仕する考えなど毛頭なかったのである。

「共産党の飯を口にしながら、共産党の鍋を打ち壊すような行為は絶対に許さない」という習近平国家主席の談話は、共産党を批判するリベラル派知識人への「不満と警告」と受け止めることができる。共産党が批判されると、政権が揺らぐと心配しているのだろう。

しかし、知識人の批判が一律に共産党を打倒しようとするものだと決めつけるのは明らかに間違っている。忘れてはならないのは、リベラル派の知識人もまた、人民の一員であることだ。

知識人は、自らが仕事をして家族を養っていさえすれば、共産党に養われていることには当たらない。リベラル派知識人は政府を批判しているが、公の場で批判的意見を発表することは中華人民共和国憲法で保障されている「言論の自由」の範疇《はんちゅう》にある。

なぜ共産党への批判が許されないのだろうか。

## ▦中国共産党を「批判してはならない」

中国共産党が定義する愛国主義の言動とは、いかなることがあっても、政府・共産党を信頼し、褒めたたえることであり、**政府・共産党に対する批判は共産党への求心力の低下を狙うものとして許されていない。**

政府・共産党にいかなる建設的な批判や意見を述べても、それが批判的な言動と受け止められれば、場合によっては「国家政権転覆扇動罪」に問われる恐れがあり、絶対に許されない。

しかし、人民が共産党によって養われているわけではなく、共産党が人民によって養われているのだから、**「共産党の鍋を打ち壊してはならない」という習近平国家主席の談話のロジックは明らかに間違っている。**

「共産党員は人民の公僕である」と毛沢東と周恩来、２人の指導者は生前繰り返していた。むろん、毛沢東が生前「人民の公僕」のように振る舞ったかどうかは別問題であるが。

習近平政権が、たとえ建設的な批判であっても、それを聞き入れないのは、それを聞き入れる心の余裕がなく、自信もないからであろう。

仮に、習近平国家主席の「不満と警告」に正しいところがあるとすれば、それはリベラル派知識人に対するものではなく、腐敗した共産党幹部に対するものであろう。共産党幹部こそ「共産党の飯を口にしながら、共産党の鍋を打ち壊してはならない」のである。

## 共産党幹部と親族が海外メディアに情報提供

習近平政権は就任当初から「反腐敗キャンペーン」を大々的に展開しているが、それに関して海外のメディアはかなり詳しく報道を行ってきている。

このことについて、**中国共産党の機関紙『人民日報』傘下の「環球時報」は社説で、国民に対し「海外メディアの報道を信じず、『官媒』（官製メディア）だけ信じるように」求めている。**確かに海外メディアの報道は100パーセント正しいとは限らないが、かなりの部分は客観的だと思われる。

**実は、海外メディアの情報源は中国国内にあることが多い**ので、信憑《しんぴょう》性はむしろ高い。中国国内では、厳しい言論統制が敷かれているため、**政府の情報にアクセスできる一部の幹部やその親族がこうした情報を海外のメディアに流している。**

中国共産党の機関紙『人民日報』。発行部数は約200万部。人口と比べて発行部数が多いわけではないが、中国の公式見解が掲載される。（写真／時事）

特に、すでに拘束されている政府高官の親族が政敵の腐敗情報を海外メディアに流すことが少なくない。

それに対して、中国の官製メディアは政府のプロパガンダの道具であり、政治利用されてきた結果、国民に信用されなくなった。

## 毛沢東批判で処刑

「愛国教育」は歴史教育の中で行われる。

しかし、**そもそも歴史の事実は一つしかないが、歴史観は主観的なものである。**

中国社会科学院米国研究所元所長の

資中筠氏は、「政府にとって歴史とは自らを美化するための道具である」と述べている（詳細は222頁参照）。しかし、誤った歴史を美化するために、いくら巧みに官製メディアを利用しても、そもそも事実が正しくなければ美化することはできない。

いかなる理由があっても、「愛国教育」や歴史教育は国民に対する洗脳であってはならないが、かつて、毛沢東時代に厳しい情報統制が敷かれた結果、毛沢東はプロパガンダによって国民に自らの権威を信用させ、「神様」のような存在になった。その結果、毛沢東時代当時の「愛国教育」によって、国民の一部が洗脳されてしまった。

毛沢東と政府の過ちを批判した勇気ある知識人は正当な裁判の手続きも経ずに処刑されたか、投獄され迫害を受けた。毛沢東時代は、こうした暴挙も「毛主席を守る」という大義名分ですべてが正当化された。

一例を挙げることにしよう。

毛沢東時代の1969年、遼寧省共産党宣伝部幹事を務める張志新が毛沢東批判の言論を発表したことで逮捕され、正当な裁判を経ずに6年間監禁された末、処刑された。処刑場では、政府は張が反革命的な言葉を発するのを恐れ、彼女の喉を切ってから処刑したと言われている。

　１９７９年、鄧小平が復権してから、張は名誉回復された。

## 危険な「毛沢東思想」の再来

　大多数の中国人にとって毛沢東時代は名実共に「暗黒の時代」だった。

　しかし、**不思議なことに今の中国には毛沢東時代を懐かしく思い、それを謳歌《おうか》する者が一部に存在する。**１９４９年以降の毛沢東の政治を検証すれば、毛沢東がこの上ない暴君であることは一目瞭然の事実である。毛沢東は革命で共に戦った同志の多くを迫害し、その一部は殺された。

　そして、知識人の大半を反革命的な傾向のある「右派」（中国ではリベラル派を右派と称する）と決め付けて迫害し、辺鄙な農山村に「下方」して、肉体労働をさせた。耐えられない者は自殺した。毛沢東時代、学校は閉鎖され、工場の生産も停止され、人々は毛沢東思想を守るために、乱闘を繰り広げた。

　この歴史の検証は簡単な作業ではない。なぜならば、中国政府は毛沢東時代の文献ファ

毛沢東の生誕地、中国・湖南省の銅像前で愛国歌を歌う中国共産党グループ。（写真／ＡＦＰ＝時事）

イルをほとんど公開していないからである。

参考価値の高い資料として、毛沢東の秘書を務めた李鋭氏が記した『廬山会議実録』がある。そして、毛沢東の主治医だった李志綏氏が出版した『毛沢東私人医者回憶録』（邦訳『毛沢東の私生活』文藝春秋）がある。さらに、英国に移住した中国人歴史家張戎氏が著した*Mao: The unknown story*（邦訳『マオ―誰も知らなかった毛沢東』講談社）は毛沢東の生涯を詳細な史実を踏まえ解析したものである。

李志綏氏の『回憶録』は毛沢東とその女性秘書たちとのスキャンダル的な描写がやや誇張されている可能性があるが、おおむね信用できる内容だ。

私が最も驚いたのは、張戎氏が書いた一般的に知られていない毛沢東の生涯である。**中国国内の歴史教育の中で教わっている毛沢東に関するほぼすべての「史実」はその研究書によって真っ向から否定されてしまった。**すなわち、毛沢東は人為的に作られたまぼろしの「神様」だったのである。

## ■なぜ毛沢東が評価されるのか

なぜ毛沢東を謳歌する中国人が依然として存在するのだろうか。**可能性の一つは毛沢東時代に厳しく洗脳され、いまだにそれが解かれていないというもの**である。しかし、いくら毛沢東時代の洗脳が巧みに行われたとしても、40年近く経過した現在、洗脳が解かれていない者はそれほど多くはないはずである。

おそらく、毛沢東時代の政治を称揚する者の多くは、現在の政治・経済・社会に不満を持っているが、目下の改革路線を直接否定することができないので、**毛時代を称揚することで現状を否定しようとする**のだと思われる。

これは、ソ連が崩壊した後のロシアにスターリン時代を是認する者がいたことと全く同じ構図である。むろん、このように、時代を逆行させようとする動きは主流にはなり得ない。

## 2 日本軍に感謝する毛沢東

### 抗日戦争の真相は歴史教科書に書かれていない

2015年9月、北京で抗日戦勝70年を記念する軍事パレードが開催された。その時に、習近平国家主席が行った演説では、毛沢東時代の歴史教育の基本を踏襲し、共産党が率いる革命軍が抗日戦争の立役者と位置付けられた。

毛沢東時代の歴史教育では、蔣介石とその国民党軍は共産党を撲滅しようとして一貫して日本への抗戦活動（抗日）には消極的だったとされている。この根拠は蔣介石の「**攘外必先安内**」という考えである。「攘外必先安内」とは外敵に当たる前に、まず国内を団結させなければならないという意味である。

中国の歴史教科書では、「安内」は共産党の占拠地域を平定することと解釈されている。

すなわち、抗日するには、まず共産党を撲滅してからということであり、抗日よりも共産党を撲滅することが優先される。この解釈では、当然のことながら、蔣介石とその国民党軍は抗日せず共産党を撲滅することしか行わなかったということになる。

しかし、**歴史の事実は私が歴史教科書で教わったこととは正反対のものだった。**

蔣介石にとって共産党の存在は邪魔だったことは間違いなかっただろうが、最後まで抗日に消極的だったわけではない。米スタンフォード大学フーバー研究所に寄贈された『蔣介石日記』によれば、蔣介石は主戦派として抗日を一貫してリードしていたが、同時に、国民党軍の戦力は日本軍とは規模に大差があったので正面衝突を避けたという側面があった。

しかも、軍閥が割拠する中では、蔣介石でさえ十分にリーダーシップを取ることはできなかった。毛沢東は一貫して抗日戦争に突入すべきだと主張したが、その思惑は抗日よりも、蔣介石の国民党軍の戦力を弱めることにあったと思われる。

先に触れた書籍 *Mao: The unknown story* にも、蔣介石は抗日戦争の初期において日本軍との直接対決を避けていたことが書かれている。西安事件*以降、蔣介石は民衆の圧力により日本軍と全面戦争に突入した。それに対して、毛沢東は一貫して日本軍と直接当たるのを避けながら、共産軍の力を温存していた。

## 器日本軍は共産党の「恩人」

1964年、毛沢東は日本社会党黒田寿男議員との会見で「日本軍は中国の半分以上を占領していた。これは中国人民を教育する意味が大きかった。そうでなければ、中国人民は目覚めず団結もしなかっただろう。私は中国を侵略した日本軍に感謝したい」という意味のことを述べた。

また同年に、毛沢東は再び日本社会党の代表団（佐々木更三委員長と黒田寿男議員）と会見した際、「私が毎回日本の友人と会見する時、みなさんはいつも、日本軍が中国を侵略したことで申し訳ないと謝罪する。しかし、私の答えはいつも、日本軍が半分以上の中国を占領したことで、中国人民はより団結し蔣介石と戦った。もし日本軍が中国を侵略しなければ、共産党は政権を奪取することができなかっただろう。日本軍は共産党の恩人であり、救世主である」と述べた。

1972年、日中国交回復の際、田中角栄首相（当時）は「我々は中国に対して侵略戦争を起こし、中国人民に多大な迷惑をかけ、たいへん申し訳なかった」と謝罪した。

それに対して、毛沢東は、「対不起（申し訳ない）といわないでください。あなた方は功績がある。もし侵略戦争がなければ、われわれ共産党はどのようにして強大になったというのだろうか。われわれはあなたがたに感謝したい。どのように感謝するかといえば、戦争賠償はもう要らない」という趣旨のことを述べた。


**歴史的事実を評価するには、歴史の背景を踏まえなければならない。**

毛沢東発言の真意は抗日よりも蔣介石打倒ということである。換言すれば、**毛沢東の共産党軍は日本軍の手を借りて、蔣介石軍の勢力を弱めた。**もし蔣介石が抗日しなければ、蔣介石は何もしないということで中華民族の「罪人」になってしまう。しかし、蔣介石の国民党軍はそのまま抗日の最前線に立てば、自滅に等しい選択となる。

毛沢東の言う通り、日本軍が中国を侵略しなければ、蔣介石の国民党軍はいずれ毛沢東

＊西安事件（１９３６年）は、西安で張学良が蔣介石を拘束して抗日を促した事件。張戎氏の張学良に対するインタビューによれば、張学良の本心は自らが蔣介石に代わって指導者になるために事件を引き起こしたという。しかし、いかなる経緯と思惑があっても、結果的に、西安事件は抗日戦争の転換点になった。

の革命軍を消滅させていたに違いない。

ここでは、これ以上、歴史的人物の評価をめぐる論を展開するつもりはないが、**問題としたいのは、中国の歴史教育では、こうした史実について一切触れていないということで**ある。

**中国の歴史教科書では朝鮮戦争に関する記述も完全に史実に反している。**

中国の歴史教科書では、朝鮮戦争は「南朝鮮」（韓国）による北朝鮮侵略で勃発したと書かれている。私も長い間そう信じていた。また、なぜ中国が朝鮮戦争に参戦したかという理由について「米国帝国主義が中国を侵略しようとしたからであり、米国帝国主義を撃退するために、中国人民解放軍は参戦した」と書かれている。

朝鮮戦争の発端は北朝鮮の韓国侵略だった。そして、米軍を中心とする国連軍が中国を侵略しようとしたかどうかについては、きちんとした歴史的検証が必要である。

そして、最も警戒すべきことは歴史を利用し、人民を洗脳する「道具」にすることである。歴史を決して人民をミスリードする「道具」にしてはならない。

## ３　今、問われる共産党の正統性

### 共産党勝利の後、公約は反故《ほご》に

抗日戦争が終わった後、蔣介石の国民党軍と毛沢東の共産軍は内戦に突入したが、わずか５年足らずで国民党軍は惨敗し、蔣介石と国民党軍の残党は台湾に退避した。

国民の支持がなければ、共産軍は勝てるはずがなかった。では、なぜ毛沢東が率いる共産軍は国民の支持が得られたのだろうか。

毛沢東は１９４５年に発表した**「連合政府論」**の中で「すぐに国民党一党専制を廃止し、国民党、共産党、民主同盟と無党派分子による連合政府を組織し、民主的施政綱領を発布する。（略）自由は人民の努力によって手に入れられたものであり、誰かによって与えられたものではない。（共産党支配の）解放区の人民はすでに自由を手に入れた。その他の地方の人民も自由を手に入れなければならない。中国人民はより多くの自由を手に入れて、しかも、民主主義の力が強くなれば、連合政府が成立する可能性もさらに大きくなる。（略）

人民にとって言論、出版、集会、結社、思想、信仰および身体の自由は最も重要な自由である。中国国内において解放区のみこれらの自由をすでに徹底して実現している」と述べている。

**毛沢東は自らの論文で国民党の一党独裁を痛烈に批判し複数政党制を唱えた。**しかも、人民に自由を保障したことで共産党の支持率が一気に上がった。少なくとも毛沢東が掲げた理想は多くの国民を引き付けることができた。

しかし、社会主義中国が誕生してから共産党が毛沢東のほぼすべての「公約」を破ってしまった。

1950年代の反右派闘争以降、民主党派など非共産党の政府幹部はすべて排除されてしまった。また、すべての民主党派は共産党の指導を受けなければならなくなった。

蔣介石の国民党軍との内戦で共産党の革命軍が勝利を収め、政権を奪取した経緯から判断すれば、共産党はその正統性を誇示できたと言える。

しかし、社会主義中国が建国されてからの政権運営を見ると、その前の公約は次から次へと破られ、「大躍進」などの経済運営の失敗で最低2000万人以上の人が餓死したと言われている。

そして、その後の文化大革命では、数百万人の知識人が迫害され、農村に下放（国民を地方に送り出す政策）された。同時に、正規の学校教育が廃止され、中学生以上の若者の多くは農村に下放された。毛沢東時代の統治はナチズムやスターリン主義の恐怖の政治と同じものだった。

## ▣持続的な経済発展が共産党存続のカギ

**いかなる政治理念や政党でも経済発展を実現できなければ、その正当性が証明されない。**

かつて、毛沢東はマルクス・レーニンのイデオロギーに基づいて国民に対して平等な社会づくりを提唱した。平等の社会をつくるために、地主と資本家を打倒し、彼らから略奪した財産を貧しい農民や労働者に分配する。このような略奪行為は貧しい農民と労働者に広く受け入れられ歓迎された。

しかし、**このような反社会的な暴挙ではすでに蓄積されている富を再分配することはできても、新たな富を創りだすことができない。**実際、毛沢東時代の中国は極端な貧困状況に陥った。中国国内の研究者も、政権を取るまでの毛沢東については評価するが、政権を取った後の毛沢東は評価するどころか、まるで暴君だったとしている。
毛沢東は政治のパワーゲームに長けていた。毛沢東は生前、共産党幹部である同僚や部下たちを互いに戦わせるすべを心得ていた。そうすることによって自らに対する個人崇拝を極端に強化していった。「神様」のような存在になった毛沢東は一度も人民のために奉仕するなどと思ったことがない。極端に貧しい生活を強いられた人民の間では、共産党の正当性は支持されていない。

1976年9月、毛沢東は死去した。共産党の文献では、当時は中国経済が破綻寸前にあったことを認めていた。その後、復権した鄧小平は自らの使命を十分に分かっていた。すなわち、**経済発展を実現できなければ、共産党は存続できない**ということである。そこで、鄧小平は「改革・開放」を国民に宣言し、経済の自由化を推進したのである。

## 4 「愛国教育」はそれほど効果はない

### 日米中の「愛国」

いかなる人にとっても、自分の国を愛するのは当たり前のことである。

米国は世界からの移民により成り立っている国だが、7月4日の独立記念日には、多くの米国人の家で国旗が掲揚される。愛国精神は自国に対する帰属意識につながっている。

日本人は普段、表立って「愛国」を口に出さないが、サッカーなどの試合観戦になると、一斉に「ニッポン」と叫びながら一心不乱に日本チームを応援する。

一方、中国人も同じように国を愛する。特に、**近代の歴史において、アヘン戦争以降、列強に侵略され続けたことで、多くの中国人は心の中で民族の復興を望んでいる。**

このような民族の復興こそ愛国精神の原点と言える。「愛国」は侵略者に対抗する原動力だが、同時に、国民を束ねる求心力でもある。かつて蔣介石は国民に「愛国」を提唱した。毛沢東も同じだった。

## 愛国心を醸成する「プロパガンダ」

愛国を呼び掛ける手段として、中国ではマスコミが最大限に利用され、「愛国」が国民を束ねるプロパガンダとなっている。

毛沢東時代は、「鎖国政策」が徹底的に実施されていた。ニュースやテレビの娯楽番組などはすべて共産党の偉大さを謳歌する内容だった。鄧小平時代になってから、経済の自由化により言論統制がいくらか緩和されたが、共産党を愛するように求める愛国基調は変わっていない。

特に、**学校教育では、歴史教科書は毛沢東および共産党の偉大さを称揚する内容になっている。大学入試でも、「共産党が国民党に勝利した歴史的背景と意義について述べなさい」という問題が毎年出題される。**これは、共産党が本当に偉大なのかどうかの検証を全く行わず、事前に用意された答えをただ暗記させる作業であり、ある種の「洗脳工作」と言える。

中国の大学入試会場に入る生徒たち。大学入試では共産党を称揚する出題がなされる。（写真／Imaginechina/時事通信フォト）

## 説得力は意外と低い？

「愛国教育」は若い世代に間違った歴史観を植え付けているが、こうした**間違った歴史観は歴史的事実に支えられていないため、その説得力も意外に低い。**従って、愛国教育の洗脳効果を過大評価してはならない。

毛沢東時代のような閉鎖された社会においては、愛国教育はそれなりに効果を発揮できたかもしれないが、現在のような開放された社会においては価値観が多様化している。仮に、愛国教育が順調に効果を上げることができれば、共産党はこの先も存亡の危機に直面しないだろう。

実際に近代史における共産党の功績にはねつ造されたものが多い。前掲の書籍、*Mao:*

*The unknown story* では共産党軍が草創期に地主のみならず、貧しい農民に対する略奪も日常茶飯事のように行っていたことを立証している。

**「愛国教育」の一番の問題は称揚されている共産党の功績の多くが捏造《ねつぞう》されたものと**いうことにある。嘘《うそ》はいつまで経っても嘘であり、本当のことにはならない。こうした嘘の功績を称揚する「愛国教育」が本領を発揮するには、外の社会から遮断され、完全密閉された情報言論統制が必要となる。言論の自由を認めれば、嘘であることが暴露されてしまうからだ。

振り返ってみれば、中国では、政府が進める愛国教育が最も効果を上げたのは、60年代から70年代だったと思われる。

当時、**中国の若者は外国の情報に一切アクセスできず、学校および官製メディアの「説教」がすべての情報源であった。**ちなみに、その前の50年代の中国人は国民党時代の価値観を持っていたため、「愛国教育」による「説教」はそれほど意味を持たなかった。

70年代、一部の若者は政府の公式見解と無味乾燥の「説教」に飽きると、短波ラジオでVoice of America（VOA）を「盗聴」していた。当時、VOAのような外国のラジオ放送は「敵台」と決められ、**「盗聴」していると密告された場合、死刑に処せられることもあった。**しかし、それでも、一部の若者は世界で起きていることの真相を知りたくて、毎晩、ＶＯＡを盗聴していた。

80年代以降、経済の自由化とともに、海外情報が中国に入りやすくなった。特に、インターネットの時代では、政府による情報統制は実質的にできなくなった。中国政府はグーグルなどへのアクセスを禁止しているが、**中国人の若者は政府の制限措置を乗り越えるためのソフトを開発し、随時、海外のウェブサイトにアクセスしている。**

また、海外旅行をする中国人は２０１４年に１億人を突破した。これらの観光客は中国に大量の情報を持ち込んでいる。かつて、**毛沢東の時代、政府の言うことを大勢の国民が信じていたが、今や政府の言うことを鵜呑みする人民はほとんどいない。**

むろん、政府の呼び掛けに迎合する知識人や共産党幹部は少なくないが、彼らは洗脳されているわけではなく、政府に迎合することによって自らの利益を最大化しようとしているだけである。

## 5 中国人の無知と無恥

### 政府の「洗脳」工作

80年代初期から半ばにかけて、経済の自由化とともに、知識人の間で言論の自由を求める気運が高まった。

それに対して政府・共産党ははっきりと「言論の自由は資本主義の精神面の汚染」だとして弾圧を強化した。**当時、学校や職場などで毎日のように言論の自由は資産階級の自由化であり、精神面の汚染と教え込まれた。**

中国の知識人の多くは鄧小平の「改革・開放」について一つの大きな誤解をしていた。すなわち、経済の自由化はおのずと思想の自由と言論の自由へと導かれると知識人たちは思っていたが、一方で、鄧小平は経済の自由化を推進すれば、経済が発展し、それによって共産党の統治と求心力が強化できると考えていたのである。

鄧小平にとって経済の自由化は目的ではなく手段であった。毛沢東時代に右派・反革命分子として打倒された知識人たちは鄧小平時代の初期に名誉回復を果たしたが、言論の自由を求めたところで再び負けてしまった。

北京大学の張維迎教授（経済学）は**中国の悲劇は大多数の中国人の「無知」と少数の中国人の「無恥」（恥知らず）によるものと指摘している。**これはどういう意味かと言うと、「多くの中国人は政府によって洗脳され、全く無知で愚かな国民になっている。そして、少数の中国人とは一部の知識人と共産党幹部だが、彼らは国民を愚弄する恥知らずである」ということだ。この指摘は決して間違っていない。政府が大多数の国民を洗脳する工作に少数の有力者が加担するために恐ろしい結果になっている。

一般的に洗脳工作は「愛国」という大義名分の下で繰り広げられる。

2012年に、中国で起きた大規模な反日デモの際、日系のスーパーや工場を破壊した暴徒たちは、**「愛国無罪」**と叫びながら、暴挙を加えた。

民主主義国では、マスコミとジャーナリズムは国民が情報を知る手段であり、政府はそれに介入してはならないとされている。

それに対して、**中国では、マスコミとジャーナリズムは政府・共産党の「喉舌」（代弁者）**

**と位置付けられ、政府が宣伝を行う手段となっている。**中国では、ジャーナリストは政府に対して、報道の自由を求めているが、実現する見込みはほとんどない。

## 中国社会の超えてはならない「底線」

いかなる社会でも超えてはならない一線がある。それはその社会の「底線」、すなわち、ベースラインである。

中国社会にも「底線」がある。**例えば、政治評論を行う際、絶対に現役の共産党総書記を名指しで批判してはならない。**中国のインターネットやＳＮＳなどでは、歴代指導者を批判する記事や書き込みが散見されるが、**習近平総書記を直接批判する言論はまず見られない。いかなる論者もこの「底線」を超えると、自らを危険にさらすこととなる。**

２０１５年５月、上海の風刺漫画家戴建勇氏が習近平国家主席を題材にした風刺漫画を描いただけで拘束された。中国では、政治指導者は褒めたたえられる存在であり、批判してはならないのだ。

むろん、不意に罠《わな》にかかる者も少なくない。２０１５年３月、中国の中央電視台（ＣＣ

ＴＶ）の娯楽番組の有名司会者である畢福剣氏は、プライベートな食事会で少しお酒を飲んだ後に、勢いで文化大革命の時に流行った京劇の一部分を歌った。そして、歌の間に随所、個人的な論評を加えた。そこで問題となったのは、もともとの歌詞に毛沢東の功績をたたえる一文があるのだが、この司会者は「こいつは本当にわれわれを苦しめたんだ」と論評し、周囲の笑いを誘ったことである。その後、まさかと思われることが起きた。その様子を同席者の一人がスマートフォンで撮影し、動画を勝手にインターネットのＳＮＳに投稿したのだ。その結果、動画が広まり、この司会者は停職処分を受けた。

毛沢東を批判した発言が動画としてインターネットに流出したテレビ番組の有名司会者の宴席の様子〔中国版ＬＩＮＥ「微信」より〕（写真／時事）

この事件について、二つの重要なポイントを指摘することができる。

一つは、**毛沢東は今でも一部の中国人に崇拝されており、政府はそれを利用しているということだ。**

もう一つは、**「中国の密告文化」**である。洗脳工作は必ず密告文化と一緒になってはじめて機能する。すなわち、対象者に恐怖心を抱かせなければ、洗脳は十分に機能しない。CCTVのこの司会者は中国社会の「底線」を不用意に越えてしまったが、それが問題になったのは密告者の存在があったからである。

むろん、中国社会は全く進歩していないわけではない。**毛沢東時代にこのような歌い方をしたら、間違いなく、当事者は死刑に処せられたに違いない。**今回、この司会者はペナルティとして停職処分を受けただけである。彼が心から反省しているかどうかは分からないが、インターネットでは「猛省している」との談話を発表した。

## 器よく読まれているのは夕刊紙

一方、政府にとって洗脳はますます難しくなっている。

2009年、22人の学者や作家などが連名で公開書簡を発表し、中央テレビを視聴せず、洗脳を拒否するように呼び掛けた。中央テレビの番組で最も視聴率が高いのは毎晩7時のニュース番組「新聞聯播」である。しかし、**この看板番組は急速に人気を失っている。と**

**いうのは、番組の作り方が定式化され、視聴者の反感を買っているから**である。

「新聞聯播」はわずか30分のニュース番組だが、内容の順番は必ず、①指導者の偉大さをたたえ、②共産党が自らの正しさを誇示し、③政府の決定が正しい——というものになっている。この番組の最後の5分だけで国際ニュースを取り上げるが、その内容のほとんどは、外国の生活がいかに苦しいかを強調して終わる。毎日、この番組を見ると、やはり政府・共産党が素晴らしいという結論にたどり着く。

中国のもう一つの「洗脳」の道具は通信社と新聞である。最も有名なのは新華社通信と『人民日報』である。

**かつて、『人民日報』は中国で最も読まれた新聞だったが、今は発行部数が２００万部程度に落ち込んでいる。人口が13億６０００万人の中国で２００万部の発行部数は決して多くない。**しかも、この２００万部の多くは政府部門や国有企業の予算で強制的に購入させられているものであり、実際はほとんど読まれていないと推察される。

おそらく『人民日報』を最も真面目に読んでいるのは海外の中国ウォッチャーではないかと思われる。日本にも『人民日報』の「愛読者」が少なくない。

中国は日本と違って新聞配達の仕組みがなく、一般家庭で新聞を読む場合、住宅地の中にあるキオスクなどで新聞を購入することになる。**中国で最も読まれている新聞は各地方で発行されている夕刊紙である。**ちなみに、中国人の若者は日本人の若者と同じように新聞離れが進んでおり、彼らにとっての情報源は、スマートフォンを使ってインターネットを通じて友人などから入手した情報である。

一般的に、日本人と米国人の若者はSNSで情報を収集するのに対して、中国人の若者の48%はスマートフォンを利用して友達から情報を収集する以外に、44%の人がテレビの情報に頼っている。一方、情報を伝達する手段として72%の中国人の若者はWeChat(微信)を利用している。そして、66%の中国人の若者は中国語版スカイプであるQQを利用している。

それに対して、日本人と米国人の若者は主にFacebookとツイッターを利用している。すなわち、日本人と米国人の若者は主としてSNSを利用しているが、中国人の若者はネット経由で友人から情報を仕入れている。これは主として中国人の若者がネット情報をそれほど信用していないことにあると考えられる。

## 6 神秘主義で動かす政治

資本主義と民主主義の政治は国民に基盤を置き、世論を重視する「親民政治」であり、**そこでは政治家はできるだけ親しみやすさを演出する。そうしなければ、選挙民から票を集めることができないからだ。**

一方で、政治家は選挙民の代弁者としての役割を果たすことから世論に迎合しやすく、ポピュリズム政治を行いがちである。それは必ずしも正義であるとは限らない。

それに対して、社会主義の政治は指導者の神秘性を根拠に国を動かし人民を動員する。従って、社会主義体制の指導者はできるだけ普通の人としての一面を人民に見せないようにしてきた。**指導者が神秘的な存在であればあるほど人民の崇拝が高まる**からだ。

かつて、毛沢東と人民の間のパイプ役を果たしたのは周恩来首相だった。**毛沢東が死去した時、人民は「神様が死んだ」と言われたような感覚を覚えた。**

一方、人民にとっての周恩来首相は「人民の総理」と呼ばれ、神様ではなく、人間だった。**周恩来首相が死去した時、人民は親族の一人が亡くなった感覚を覚えた。**

今の中国で60代以上の人にとって、周恩来は依然として忘れられない存在であり、彼らの前で周恩来を批判するのは決して許されることではない。

社会主義体制を維持する上で指導者の神秘性を保つことは必要不可欠である。それ故、中国の政治指導者はよほどのことがなければ、記者会見は行わない。

２０１４年11月、北京で開催されたＡＰＥＣで、習近平国家主席は記者会見を行う予定はなかったが、中南海で米国のオバマ大統領との首脳会談後、短い記者会見を実施した。これは、米国からの強い要請に応じてのものだった。

## 器 強化される政治統制

近代科学では、マインド・コントロールの有効性が実証されている。そして、文学者たちは「嘘を百回いえば、真理になる」とも言う。どう考えても、嘘は真理にならないが、確かに百回も言われれば、これは真理ではないかと勘違いしてしまうかもしれない。

社会主義中国が成立してから一貫して「愚民政策」が行われてきた。むろん、「愚民政策」

は中国だけの専売特許ではない。歴史的に見れば、日本でも愚民政策が行われていた。『水戸藩資料』に徳川斉昭が、「百姓に学問など全く不要だ」と公言したことが記述されている。権力者にとっては人民を「愚民化」した方が国をより統治しやすくなるということだろう。

**「愚民政策」の最重要なツールはプロパガンダ（宣伝工作）である。**

社会主義中国が成立する前の共産党は「共産党こそ貧しい人民の政党」であると宣伝していた。建国後の共産党は、「共産党がなければ、新中国がない」というプロパガンダを徹底した。また、毛沢東については、「大海を航行するときはヘルムスマン（ヨットで舵を取る人）が頼りになるが、革命は毛沢東思想が頼りになる」といった、宗教的説教のようなプロパガンダが行われた。

毛沢東時代、情報については中国社会が外側から完全に遮断され、「真空パック」にされたような状態だった。人民は外国の新聞を目にすることができなかった。一般家庭にはテレビなどなかった。唯一、外国の情報に触れることができるのは短波ラジオだった。

むろん、現在の中国社会をもう一度かつてのように「真空パック」にすることはできない。中国社会はすでに開放されてしまっている。毎年、1億人以上の中国人が海外旅行に出かけており、インターネットは厳しく監視されているが、中国政府にとって不都合な情報を完全に遮断することはもはやできない。

こうした中、**習近平政権の中国は毛沢東時代に逆戻りするのではないかと心配されている。**習近平政権になってから、学校教育において民主主義や自由といった人類の普遍的な価値観を教えてはならないと定められている。その代わりに、共産党中央への忠誠を呼び掛けるなど政治統制が強化されている。

## 噐恐怖政治にひれ伏す識者たち

金融市場では、わずかな資金をもってリスクの高い金融商品に投資することで一獲千金を狙う投機的行為がある。社会主義体制でも、マインド・コントロールされていない知識人は政府のプロパガンダを熟知し、それに迎合した言動を繰り返すことで自らの利益を最大化する投機的行動が少なくない。

世界的に名前が知られている清華大学の某教授（経済学）は中国共産党の集団指導体制は米国の民主的選挙で選ばれる大統領制より優れているとした趣旨の文章を執筆し、中国の国内で発表した。この大学教授は米国のマサチューセッツ工科大学（ＭＩＴ）にヴィジタースカラー（訪問研究員）として長期滞在したことがあり、米国の大統領制と中国の集団指導体制の違いをよく知っているはずである。指導者が聞きたいことしか言わないのはこうした迎合主義者の常套手段である。

中国は社会主義体制を持続しようとしているが、その目的を達成するには自らにとって都合の悪い情報を遮断し、人民を「愚民化」していく必要がある。そのためには、政府はプロパガンダを活用し、同じような政治的説教を繰り返していくことが重要である。最近、中国の袁貴仁教育部長（＝日本における文部科学大臣）が**学校では西側の価値観を教えてはならないとした談話を発表した**。今さらこんな発言にどんな意味があるかと思われるかもしれないが、現下の政治環境を反映した発言とも言える。

社会主義政治のもう一つの特徴は恐怖主義である。

重慶市共産党書記だった薄熙来は在任期間中、複数の政敵を違法な手段で投獄した。皮肉なことに権力闘争に負けた薄熙来本人も裁判で証人を招致できず、公正な裁判を受けることができなかった。

日本の政治家は選挙で負けても怖いことはない。しかし、**中国の政治指導者にとって権力を失うことはこの上なく恐ろしい**ことである。

天安門事件をきっかけに失脚した趙紫陽元共産党総書記は裁判を受けることなく、死去するまでずっと軟禁状態に置かれていた。

現在、習近平国家主席は腐敗した共産党幹部の撲滅に取り組んでいる。中国の研究者の間では権力者にとって、幹部が腐敗した方が都合が良いとの指摘がある。

なぜならば、幹部が腐敗しなければ、気に入らない幹部だとしても摘発する口実がない。逆に、腐敗していれば、それを摘発する口実ができるからである。

こうした文脈から恐怖が生まれてくる。その結果、共産党幹部も一般の人民も愛国を口にし、共産党を愛するふりをする。

しかし、恐怖の政治から生まれてくる愛国と愛党に、はたしてどんな意味があるのだろうか。

# 第2章

# 中国人の「身分」

## ——戸籍に縛りつけられた人々

インドには、「カースト」という身分制がある。それは「ヴァルナ」という枠組みで人々が「バラモン」、「クシャトリヤ」、「ヴァイシャ」、「シュードラ」の四つに分類されている。さらに、「ヴァルナ」の枠組みに含まれない不可触賤民もいる。

現在のインドでは、身分による差別は法律によって禁止されているが、人々の意識には依然として少なからぬ影響が残っているという。

封建時代の中国にも、日本の江戸時代における「士農工商」と同じような身分制度が存在していた。中国社会では、官僚や知識人は身分が最も高く、商人が最も軽視される存在だった。

現在、中国政府は中国社会を「社会主義」の社会と定義している。

社会主義の社会ならば、平等が基本原則であり、身分の違いによる差別はないはずである。マルクスとレーニンによって定義された社会主義では、都市労働者は主人公であり、資本家階級が打ち倒される存在になっている。

毛沢東時代の中国では、資本家階級が徹底的に糾弾された。同時に**知識人は「臭老九」（9番目の臭い奴。95頁参照）と呼ばれ、知識人の多くは農村に下放されてしまった。**

毛沢東は資本家を糾弾し知識人を軽蔑したが、農民もまた解放されることはなかった。社会主義中国になってからも、その前の時代と同じように農民は一貫して「奴隷」のような存在だった。

**毛沢東時代に農民を農地に縛り付けるために、戸籍管理制度が考案され、農村戸籍を付与された農民は勝手に都市部へ移動できない決まりになった。**

この戸籍管理制度の導入によって中国は都市部と農村部に二分されてしまった。

**現代中国社会における差別の根源はこの戸籍管理制度なのである。**

現在、1958年以来続いてきた戸籍管理制度は李克強首相の下で進められている「都市化改革」によって部分的に見直しされようとしている。具体的には一部の農民に都市戸籍を付与し、新たに作られる中小都市に移住させるというものである。

ただし、この「都市化改革」で都市と農村の区別を取り壊せるかどうかはまだ未知数である。

多くの中国研究者は戸籍管理制度の導入について、毛沢東時代の中国は農業によって工業を補助するために、農民を農村と農地に縛り付ける必要があったとその意義を指摘している。

歴史的に見ると、戸籍管理制度が導入されるまで、農民が都市部へ押し寄せて社会問題になったことはほとんどなかった。なぜならば、中国は農業社会だったからである。

社会主義中国が成立してから、毛沢東は工業化を目指し、農業社会から脱却しようとした。国民経済において農業のウエートが低下すれば、農民が徐々に都市部へ移住するのは自然な形である。

問題は、農民が大挙して都市部へ押し寄せれば、農業が空洞化してしまい、工業の発展も阻害される恐れがあったことである。

当時の農村の生活は明らかに都市部よりも苦しかったため、戸籍の移転を自由化すれば、農民は都市部に移住してしまい、中国社会は大混乱に陥る恐れがあった。

政府が農民に苦しい生活を強いたのは工業の発展を支援するためだった。

毛沢東は１９５７年、鉄鋼生産について「15年以内に英国を追い越す」と豪語した。毛沢東のこの「妄想」を実現するためには、農産物価格を抑え、鉄鋼などの重厚長大産業の発展を支援する必要があった。そこで農民の生活が犠牲にされたのである。**問題は自由化を標ぼうする鄧小平の時代になっても、農民は自由になれなかったことである。**

中国では、戸籍管理制度はいまだに農民を苦しめている。本章では、中国社会の階層化と身分による差別の実態を考察し、その問題点を明らかにする。

## 1 農民——新中国の奴隷

### 器 農民が夢見た「階級打倒」

**中国数千年の歴史の中で王朝が交替した理由は、外部からの異民族の侵入以外では、いずれも農民一揆がきっかけだった。**

農民一揆が起きる理由について、『礼記』には、孔子が「**苛政は虎よりも猛し**」（民衆を苦しめる政治は人に害をもたらす虎よりも恐ろしい）と語ったと記されている。

王は経済運営に失敗すると、税金をより多く徴収しようとする。それに耐えきれない農民は立ち上がって造反する。

実は、**毛沢東が引き起こした共産主義革命も厳密に言えば、農民一揆だった。**

毛沢東自身はマルクスとレーニンに関する講義をほとんど受けたことがない。故郷の湖南省で農民を集めて「自分たちを解放するには、革命するしかない」と唱えていたが、フランスや日本から帰国した留学生たちと合流してはじめてマルクスとレーニン主義を耳にしたのである。

それどころか、**側近の証言によれば、毛沢東は死ぬまでマルクスの本を一度も真面目に読んだことがないと言う。**これは最近、中国国内の研究者によって明らかにされた。

毛沢東自身はプロレタリアの出身ではなく湖南省の裕福な地主の息子だったが、マルクスとレーニンの考え方に触発され、社会を階級に分類し、国民の大多数を占める貧しい人々を無産階級（プロレタリア）と呼び、資本家階級や地主階級を打ち倒さなくてはならないと考えた。**この毛沢東の階級闘争の論理は貧しい人々に広く受け入れられた。**貧しい農民

中国・甘粛省で綿を収穫する農民。都市と地方の格差は広がっており、格差解消のための戸籍制度改革が打ち出されているが、まだ成果は出ていない。（写真／ＥＰＡ＝時事）

たちは毛沢東が率いる革命軍に参加して、自分たちも、いずれ国家の主人公になるという夢を見たのである。

## 陰謀ではなく「陽謀」

毛沢東が鼓吹した階級闘争の革命理論は貧しい農民にとって魅力的なものだった。

しかし、皮肉なことに毛沢東の革命に参加した一兵卒はもとより、将軍たちの多くは社会主義中国建国後、反革命分子として追放されてしまった。

また、農民のほとんども革命前に比べて生活がほとんど改善されなかったと言われている。

「革命」という言葉には「社会進歩」という意味が含まれているように感じられるが、**中国の共産革命は中国人にとって実際は「悲劇」だった。**

王朝時代、王は自らの政権を持続するために、社会の安定と経済繁栄を図り、人民の生活を少しでも改善しようとしたが、毛沢東時代、毛沢東自身は社会を不安定化させ、それによって自らに対する崇拝を図った。

**毛沢東は周囲を戦わせて自らに利するようにする「漁夫の利」をいつも仕掛けた。**中国人研究者は毛沢東の企てについて、陰謀ではなく、**「陽謀」**と表現している。すなわち、「革命」という大義名分の下で政敵や知識人を窮地に追い込むというやり方である。

毛沢東は政権基盤を固めるために、土地改革を進め、地主を打倒する運動を推し進めた。特に、貧しい農民たちに恩を着せるために、全国の農村で「旧社会」(建国前の中国社会)の悪を訴え、社会主義の新社会をたたえる運動が繰り広げられた。

当時、この運動に参加した多くの共産党元幹部と知識人は次のように振り返っている。政府は農民に「旧社会」の悪を訴えるように強要したが、農民たちは、「旧社会」の悪を告訴しているうちに、だんだん本音を語るようになった。その内容は、かつて地主に雇われ、土地を耕していた頃の生活レベルは新社会より高かったというものだったので、その場にいた**共産党幹部はあわてて農民の「告訴」を制止した**と言われている。

私も、小学生の時（1970年ごろ）、学校教育の一環として地主がいかに農民を搾取していたかという展示を見るために、展示コーナーに連れていかれたことがある。

当時、小学生くらいだった中国人なら全員見たことのあるはずの展示で、四川省の大地主、劉文彩という人が農民を搾取し、それにおとなしく従わない農民を自宅の裏にある地下監獄に監禁していたという話だった。泥で作られた人形でこのストーリを再現していたため、とても怖くリアルで、小学生たちの心に大きなインパクトを与えた。

しかし、1980年代の「改革・開放」以降、この劉文彩に「搾取された」とされていた農民たちが、その実態を暴露した。劉文彩は確かに四川省の地主だった。しかし、農民をほとんど搾取したことがなく、むしろ、凶作の年になると、必ず貧しい農民たちを助けてくれたという。

**学校教育で教わったことが真実とは180度異なるものだという事実と、そのことを知**

**らされた結果はどんなに恐ろしいものか読者の皆さんは想像できるだろうか。**

張戎氏は先にも挙げた書籍*Mao: The unknown story*の中で、「毛沢東の革命は、最初から地主や資本家に対する略奪だった」と分析している。こうした略奪行為こそ毛沢東の革命なのである。むろん、この略奪行為は地主や資本家にとどまらず、農民や労働者にまで及んだ。

## 2 都市労働者——市民権すらない〝主人公〟

### 中国社会における都市労働者の存在

マルクスによれば、共産党は労働者のための政治政党である。しかし、天下を取った毛沢東は決して労働者を優遇する政策を取らなかった。

共産党は天下を取った後に、共産党高級幹部を上層部に置くピラミッド社会を形成した。その底辺に位置するのは国民の大多数を占める農民だった。そして、**農民に次いで不利な**

**立場に立たされたのが都市労働者**であった。

本来の共産主義のイデオロギーでは、すべての国民が平等でなければならないが、共産党は天下を取った後に、政権基盤を強化するために、国民を職業別に階層化していった。

そのプロセスでレーニンの階級闘争の理論と統合され、中国社会は急速に階級化された。毛沢東時代の階級社会では、**知識人は最下級に位置し、かつての地主や資本家は反社会的勢力として追い落とされる対象となった。**

しかし、社会の階級化については明確な基準があるわけではなく、責任者の恣意的な判断に委ねられるケースが多かった。**追放する対象の判断は責任者の個人的な恨みなどが決定要因だったりした。**

当時の中国では、若者の「出身」（出自）は出世に深刻な影響を与えていた。

毛沢東理論の重要な説の一つは「貧しい農民や労働者は必ず共産党と毛沢東に忠誠的である」というものだ。それに対して、「地主や資本家出身の若者は反社会的であり、毛沢東に忠誠的ではない」と見なされた。知識人は時としてその立場が大きくぶれるため、毛沢東と共産党に信頼されなかった。知識人が毛沢東と共産党に嫌われた本当の理由は、彼らが毛沢東と共産党の執政に対して機会があるたびに、批判したからである。

**共産党は天下を取ったにもかかわらず、一度も自信を見せたことがない。**

それ故、毛沢東と共産党に対して批判する者を、その批判が正しいものかどうかを問わず、すべて打ち倒していった。今となっては毛沢東の政治は明らかに間違っていたことが明らかになりつつあるが、それでも**中国では毛を批判することが許されず、タブーになっている。**

1976年9月、毛沢東が死去した後、社会の階級化理論が否定された。ただし、中国社会は平等にならず、格差は経済の自由化に伴い急速に拡大していった。

**中国社会では、いったい誰が主人公なのだろうか。**農民は奴隷のような存在になっている。都市労働者は主人公のはずだが、彼らの利益も保証されていない。

結局のところ、一握りの共産党幹部だけが特権階級となり、その頂点に君臨するのは党の総書記である。党の指導体制を維持するために、共産党および党の総書記に対する批判は絶対に許されない。

### 噐江沢民時代の「三つの代表」構想

中国共産党は、江沢民元国家主席が提唱した「三つの代表」理論を毛沢東思想と鄧小平理論と並ぶ重要な理論的枠組みと位置付けている。

**「三つの代表」とは、「(共産党が) 先進的な生産力を代表し、先進的な文化を代表し、人民の根本的な利益を代表する」という主張である。**

この提唱がなされた背景には、30年間、共産党と中国社会が大きく変質してしまったことがある。現在、共産党は貧しい労働者の代表ではなく、中国社会の勝ち組の代表である。共産党員の中には資本家も少なからず存在する。今の中国共産党はプロレタリアの政党という存在でなく、マルクスとレーニンが定義した社会主義の政治政党からはほど遠い存在になっている。

江沢民元国家主席は筋金入りの共産党員でもなく、マルクス・レーニンの理論の信奉者でもない。彼自身の言葉**「与時倶進」（時代とともに前進する）**からも分かるように、マルクス・レーニンの教えにこだわらず、時代の変遷に応じて共産党の綱領を変えていく必要があるとしている。

また、「三つの代表」は、すべての人民の根本的な利益を代表すると主張しているが、その真意は民営企業の経営者を含む資本家の利益も共産党が代表すると考えているようだ。2000年に江沢民が広東省の民営企業を視察した際、この「三つの代表」理論を発表した。その後、「三つの代表」理論は全国的に広がった。同じ時期に、憲法が改正され、「私有財産は法的に守られる」ことが盛り込まれた。

こうしてみれば、**江沢民時代に社会主義の根幹たる「公有制」が崩れてしまった**と言える。中国社会が唯一社会主義的であると言えるのは、依然として**共産党による一党独裁が維持されているという一点に尽きる。**「公有制」が崩壊し、格差も急速に拡大している現実から、**中国社会はもはや社会主義でなくなった**と言える。

経済の自由化を図れば、所得格差が拡大するのは、少し考えてみれば当然のことである。資本主義社会においては、格差が拡大しすぎないように、所得分配を適正化し、課税を強化する措置が取られる。特に、所得分配を適正にするために、労働組合の活動を合法化し、ストライキの権利が法律によって保障される。

しかし、**中国では、ストライキなどを組織する労働組合の活動が政府によって厳しく制限されている。**

今や共産党は中国社会の勝ち組の代表となり、行政権も共産党が握っている。共産党幹部は自らに対する課税を強化するなどと考えてはおらず、格差は時間が経つにつれどんどん拡大している。皮肉なことに、労働者を代表する共産党はその幹部だけが裕福になっているのに対して、労働者は依然として貧しく、負け組の存在になっている。

結論を言えば、**江沢民元国家主席は「三つの代表」を提唱することによって共産党の勝ち組としての存在を擁護し、結果的に格差のさらなる拡大を許したのである。**

こうして見てくると、**中国革命の本質は中国社会の勝ち組が交替しただけで、負け組、すなわち、労働者と農民は依然として負け組である。**

共産党が提唱していた「人類を解放する」という綱領は、結果的に一握りの高級幹部が自分たちを解放しただけで人類を解放するどころか、共に戦った人民解放軍の兵士およびその家族ですら貧しいままであり、人々は、解放されていない。

## 3 なぜ戸籍管理制度が必要なのか

### 「望子成龍」はすべての親の夢

古代中国は階層化された社会だった。そこでは、利潤を追求する商人が最も蔑視されていた。中国社会では、下級階層に属する者は常にその上級階層になろうとする。たとえ、農民や商人の子供に生まれたとしても、親はその子を役人（士）にさせたいと考える。

一説によれば、階層間移動に熱心なことから中国社会は常に不安定になりがちだったという。**農工商出身の子弟は士になろうとして、その親たちは毎日のように子供に「龍」に**

**なるように頑張れと語り掛ける。**

中国では、「望子成龍」はすべての親の夢である。**龍になるというのは出世して官吏（役人）になることである。**こうした上昇志向は時に中国社会が発展する原動力にもなった。古代の王朝は優秀な人材を政府に供給するために、科挙試験を取り入れた。

しかし全体的に見れば、中国人の出世・上昇志向は中国社会の不安定化をもたらしている。農民はもちろんのことだが、職人も自分の子弟を出世させようとする。

一般的に身分の安定は伝統や文化の蓄積に寄与すると言われている。例えば、職人は身分がその子孫に継承されれば、その技能もおのずと継承される。逆に、階層間の身分移動が頻繁に起こると技能が継承されず、伝統と文化も破壊されてしまう恐れがある。

農業に愛着を持たない農民がきちんと農業を営むとは考えにくい。今、中国で社会問題になっている食品安全性の問題は、職人が安心して自らの営みを保とうとしないことと無関係ではない。**日本には、百年以上も続く老舗料理屋はたくさんあるが、中国には50年以上の歴史を持つ老舗はほとんど存在しない。**

かつて、階層間の身分移動は主に高い身分を目指して人々が努力したものだったが、現在は稼ぎの良い職業に人々が集まっている。農業や職人は短期間に高いリターンを得られない。

現在、中国には高い収益率を実現する企業が存在するが、その経営は持続的ではない。中国経済は世界2番目の規模を誇るようになったが、なぜ一流の技術が生まれないかを真剣に検証すべきである。

**中国社会は「高速に回転しているボール」のようなものである。**

運のいい者はボールにしがみつき、たくさんの儲《もう》けを手に入れることができるかもしれないが、長続きしない。

一方、絶対多数の中国人は高速に回転するボールに振り回されるだけであり、幸せになれず、国も発展していかない。

## 「中国の夢」は皮肉にも中国からの脱出

北京大学の張維迎教授（経済学）は孟子の言を引き、**「恒産がなければ、恒心はない」**と唱えている。「恒産」とは法律によって守られる個人財産のことで、「恒心」とは安心できる状態のことである。

**中国社会を観察してみると、確かに政治指導者から草の根の民まで誰一人も安心していない。**

中国社会の不思議な現象は、底辺の草の根の民は出世しようとするが、いったん出世の夢を実現すれば、その次は海外への移民を夢見ることだ。

習近平国家主席は国民に「中国の夢」の実現を提唱しているが、「中国の夢」がどんな夢かについて明確な定義を示していない。

私は中国人研究者とこの問題について議論したことがあるが、多くの研究者は、「中国の夢」は海外へ移民することだと解釈している。**「中国の夢」が中国を出ること、というのは実に皮肉な答えだが、大きく外れていないはずである。**

プリンストン大学のペリー・リンク名誉教授は中国の伝統的儒教思想から習近平国家主席が提唱する「中国の夢」を、「共産党支配を前提とする愛国主義と物質主義」と指摘する一方、「伝統的な儒教思想での人間関係における倫理が重視されていない」ことが**「中国の夢」の大きな欠陥**だと述べている。

これまでの30年余り、共産党が国民を結束させることができたのは、物質主義（拝金主義）を約束し、経済発展を実現できたからである。
しかし、人は物質主義の夢を実現した暁には必ずや自由と人権を求めるようになる。しかも、中国のような人口大国にとってすべての人に物質主義の夢を実現することは不可能である。

**実現不可能な夢を膨張させたその先には悪夢が待ち構えている。**

## ■都市と農村の格差拡大

2015年現在、**中国の労働力供給が減少に転じ、「人口ボーナス」は「オーナス（負担）」になったと言われている。**

労働力減少により、中国の経済発展は頂点を越えつつある。
この推論の根拠は、中国経済の発展モデルは廉価な労働力の投入とそれに伴う安い中国製品の輸出によるという考え方である。イノベーションが遅れ、労働生産性もさほど向上していない現状において、**労働力供給の減少は経済成長の足を引っ張ることになる。**

中国は依然として人口大国であり、その労働生産性（労働時間当たりの生産量）は先進

北京の役所前で「学校に行きたい」と主張する子どもたち。戸籍管理制度により都市部の学校には入学できない子ども達がいる。（写真／ＡＦＰ＝時事）

国に比べてはるかに低いレベルにある。

マクロ的に見ると労働力の減少は経済成長を妨げる要因と認識されるが、現実問題として、都市部では失業や不完全就業の問題は社会安定を脅かすリスク要因であり、中国政府は都市部の安定を確保するために、都市と農村を隔離し、農民が都市部に流れることを阻止する必要がある。

先に確認した通り、もともと戸籍管理制度による人口移動を防ぐことが考案されたのは毛沢東時代だった。毛沢東は生前、中国経済が欧米などの先進国に追いつく夢を見ていた。

都市と農村の間に大きな格差が存在

する中国では、人口の移動を自由化すれば、大量の農民が都市部へ押し寄せる恐れがあると思われていた。

本来ならば、都市部への人口の過剰な流入を食い止めるために、都市と農村の格差を縮小すべきだったが、**毛沢東時代から現在に至るまで負け組の農民をボトムアップすることに取り組んでこなかった。**

それよりも、都市部の発展を中国社会が進歩する象徴としていっそう推進してきた。政策の優先順位において農村の発展は二の次とされてきた結果、**都市と農村の格差は拡大する一方となった。**

鄧小平の時代になってから、中国政府は「改革・開放」政策を実施し、経済の自由化を進めたが、そこでも農民を農地から解放しなかった。**中国の農民は生まれつき土地に縛り付けられた「奴隷」のような存在だった。**むろん、毛沢東時代に比べ、鄧小平の時代において農民に対する束縛はいくらか緩められた。「改革・開放」初期の段階において「生産力」不足を補うために、中国政府は都市部周辺の農民の起業を黙認した。

江蘇省や浙江省などの沿海部で農民は国有企業を退職した技術者を雇用し、労働集約型製造企業を起業した。これは中国で「**郷鎮企業**」と呼ばれている。

郷鎮企業の伸長に伴い、農村の村は郷や鎮、さらに、県に昇格し、都市化が進んでいった。そのプロセスの中でそこに住む農民にもおのずと都市戸籍が交付された。

しかし、郷鎮企業の設立による都市化は沿海部ではある程度進んだが、そこで都市住民に転換できた農民は全体に占める割合で見るとそれほど多くはなかった。

特に、**都市から遠く離れている農山村の場合、全く発展せず、農業の生産性は低いままであり、その農民の多くは依然として前近代的な生活を強いられていた。**このような現実は言うまでもなく、中国社会の安定を脅かす原因となるが、社会主義を自称する中国政府は最初から平等の原則を守るつもりはほとんどなかった。それよりも、社会の部分的な発展が社会主義の優位性として誇示されているが、そこでも農民の利益が一貫して犠牲にされている。

## 暴動が起きてもおかしくない格差レベル

中国国家統計局が公表しているジニ係数によれば、**中国のジニ係数はすでに0・475に達していると言われている**（2013年現在）。

ジニ係数は富の分配の公平性を示す指標であり、その値が1に近いほど不平等を意味する。一般的に、**0・4が警戒ラインと言われ、ジニ係数が0・4を上回ると、暴動が多発する**など、社会が極端に不安定化する恐れがある。

一方、北京大学の研究グループが家計のストックの財産をサンプリング調査した結果、ジニ係数は0・7に達したと指摘している。すなわち、フローの富の分配は不公平であり、ストックの財産は少数の富裕層に極端に集約されているという結果が判明したのである。

2015年4月、中国財政部長楼継偉氏は清華大学の創立記念式典で「中高速成長の可能性と実現のロードマップ」と題する講演を行った。その中で、戸籍管理制度改革についてほとんど進展していないことを認めている。

農民が移住したい大都市は戸籍管理制度の緩和・撤廃を拒否している。**政府は農民をすぐには必要でない煉瓦のような存在と考えている。**

その「煉瓦」を政府の一存で新たに作られる小都市に置きたいのだろうが、新設される小都市には、病院や学校などのインフラはほとんど整備されていない。

戸籍の定義上、こうした小都市に移動した農民は都市化されていると言えるかもしれないが、実際は、「都市化」以前の状況よりも悪いはずである。中国国内の報道によれば、「一部の農民が都市化されるのを拒否している」という。

## 4 中国社会は今でも差別的

### 親の七光り

**中国では、共産党高級幹部の2世は「太子党」と呼ばれている。**

太子党とは、いわば「プリンス（王子）」のような人々のグループである。政治的地位と経済資源のいずれにも生まれながらにして恵まれている。例えば、習近平国家主席は父親が副総理だったため、正真正銘の太子党である。

もともと共産党は農民など、貧しい家庭の出身者が多かった。そのこともあって、共産党はその出自で差別することを嫌っていたはずだった。

文化大革命の時に、中国は「浮浪者」というインドの映画を輸入し、教育などで幅広く利用した。

この映画は終始**「泥棒の息子は絶対に泥棒になる」という「血統論」を批判しており、**1951年に撮影されたこのインド映画はその後、数十年にわたり中国で放映され続けた。共産党はこの映画を利用して血統論をもって人種差別をしてはならないと唱えた。

しかし、皮肉なことに文化大革命の時、地主や資本家の子供たちはその出自から辺鄙な農山村へ強制的に追放された。共産党幹部は自分たちが差別されるのを嫌っていたが、地主や資本家を容赦なく打ち倒し、しかもその子弟を差別した。

**毛沢東時代からすべての中国人は病院のカルテのような「档案」（略歴ファイル）を持たせられている。**その档案こそが、それぞれの出自を証明するファイルである。

共産党の規定では、個人は自分の档案を開けて見ることができない。職場の幹部は従業員を管理するため、その档案に評価を書き込むことができる。全く不透明な档案システムであるため、共産党幹部に客観的かつ正しく評価されるかどうかについて当の本人に知るすべはない。しかし、人事異動などでこうした档案は決定的に重要な役割を果たす。すなわち、共産党幹部によってマイナスな評価が書かれた場合、生涯不利になる可能性がある。

1949年の社会主義中国の建国後、国民が共産党中枢の権力闘争に巻き込まれてしまい、中国社会は大きく変わってしまった。今、ほとんどの中国の家庭では家系図を紛失してしまっている。特に、毛沢東時代においては知識人や資本家などの名家がすべて打倒される対象となり、彼らの家は紅衛兵により略奪または破壊された。

今の中国人は本籍こそ知っているのだろうが、遡れるのはせいぜい3代前か4代前である。中国には、「自分は孔子や孟子の子孫だ」と自称する者がいるが、そのほとんどはたまたま苗字が孔か孟だからであり、血統的には全く無関係である。毛沢東自身も天下を取った後、ほとんど故郷の湖南省には帰らなかった。

こうしてみれば、社会主義革命に参加した初代の指導者たちは自らの出自を大切にしなかったと言える。革命は伝統を無視したからこそ成功した。

## 器 血統論のひそかな復活

国民党軍との内戦が終わって中華人民共和国が成立してから67年が経過し、今の指導者はいずれも2世ないし3世である。そこで血統論がひそかに復活している。

中国人は結婚する場合、その相手について**「門当戸対」**を大事にする。「門当戸対」とは家柄が釣り合っていないといけないという意味である。

かつて毛沢東時代、地主や資本家の子供は労働者や農民の子供と結婚する際、労働者や農民の家族によって反対された。今の中国では、金持ち同士が結婚するのが一般的である。根本はやはり「門当戸対」である。

一方、政治の世界では、太子党の結束が強まっているように見える。中国社会の秩序は67年前に革命によって壊されてしまったが、今となって徐々に再生されつつある。

中国社会は無意識的に「親の七光り」を標ぼうする傾向が強まっている。

## 囂 権力を握ると年収も上がる

北京大学の賀衛方教授（法学）によれば、日本の江戸時代には、士農工商の身分制があったが、身分は安定しているため、社会も安定し、それぞれの階層では、知識が蓄積されていたという。例えば、鍛冶屋はずっと鍛冶屋であり、他の身分に変わることが少ない。

こうした安定した身分を前提に鍛冶屋では技能が蓄積される。

それに対して、中国では、身分は一貫して不安定だった。鍛冶屋でも士（官僚）になろうとする。こうした上昇志向は階層間の移動を促す一方、知識や経験の蓄積が妨げられたと考えられる。

毛沢東時代、共産党は**「貧下中農」**（階級的に最も貧しい農民）は最も優位性のある階級と言っていた。

当時、**大学進学は受験によるものではなく、共産党幹部による推薦制**だった。「貧下中農」の子弟であれば、優先的に推薦された。しかし、貧しい農民は優位性のある階級であるといわれても、実際は、解放されていなかった。農民は都市戸籍に転換する要望が強いが、戸籍管理制度の撤廃や見直しに対する要望は一度も出されたことがない。

文化大革命の時、知識人の地位は中国社会で9番目（「臭老九」）だった。

なぜ9番目だったかは不明だが、元王朝の時代、人々が10等級に分けられ、そのなかで知識人が9番目だったからだと言われている。それが文化大革命の時に知識人が9番目になった歴史的「根拠」であるのかもしれない。

元王朝の階級制は、1．高級官僚（官：今風にいえば、国家公務員）、2．下級官僚（吏：地方公務員）、3．僧侶、4．道教関係者、5．医者、6．労働者、7．職人、8．娼婦、9．知識人、10．浮浪者だった。

しかし、文革大革命で知識人を社会の中で9番目と位置付けたのは元王朝の決まりを援用したというよりも、毛沢東自身が知識人を心から軽蔑していたからだと思われる。毛沢東は知識人を軽蔑していなければ、あのような文化大革命を引き起こすことはなかっただろう。


文化大革命の時に、農民は建前では高い位置付けだった。毛沢東は都市部の学生に「農民に学べ」と繰り返し求めたが、学生のほとんどは農村戸籍への転換を嫌がっていた。結局のところ、毛沢東は知識人を迫害するために「臭老九」と罵ったのである。いかなる社会でも、知識と知識人に敬意を払わなければ、その社会は発展しない。

今の中国社会では、明確な階級・階層制度が存在しないが、**拝金主義が横行しているため、年収の高い職業が花形になっている。しかも、中国は権力社会であるため、権力を握**

**る共産党幹部ほど金持ちになれる。**権力と無縁の農民や労働者は金持ちになれない。

10年前までは、大学生の就職において最も人気の高い職業は中国に進出している外資系企業だった。その後、職業の安定志向が強まり、大型国有企業への就職人気が高まった。今は、中国で最も花形の職業は公務員になることである。これは元王朝の時代の階級制と同じであり、「官」と「吏」は階級的に最も高い。

## 身分制の行方—今後はどうなるか

身分制は社会構成員の優劣を定義するシステムである。そこには政治権力の意思が色濃く反映される。また、身分制は往々にしてその社会のコンセンサスとして定着するものである。さらに、身分は継続的で世襲されるものである。社会主義社会では、身分の違いは認められない。こう整理をすれば、身分制は奴隷社会と封建社会の産物といえる。

理論的に、**中国では、明確な身分制が存在しないが、実際は、農民、労働者、知識人、共産党幹部といったグループはすでに階層化している。**階層の基準は権力の有無と財産の多寡である。

中国社会は金銭万能の社会であるため、財産の多寡は中国社会における優劣を象徴する。民主主義社会では、権力が集中しすぎないように、人権を擁護し、権力者に対する監督監視を強化し、社会全体のバランスを取ることに取り組む。

それに対して、社会主義社会の権力構造は一極集中し、誰もそれを監督監視することができない。行き過ぎた権力集中は権力者にとって都合のよい身分制をもたらしている。本来ならば、平等主義は社会主義のプロパガンダであるはずだが、実際はまぼろしとなっている。

戸籍管理制度は農民に対する差別を正当化するものである。それは社会の公正と正義を妨げるものだが、政府・共産党にはそれを撤廃する意思表示すらない。そして、**農地が失われた農民や失業した労働者などは社会保障制度がないため、ホームレスなどといった浮浪者になる者が多い。**

身分制は格差を固定化し、社会の階層化を加速させていく。格差と階層化が行き過ぎれば、中国社会はますます不安定化してしまう。今の中国社会でも、負け組の人々は社会のリセットを希望している。社会のリセットとは革命を意味する。

権力者にとって身分制は社会を階層別に形成する都合のよいシステムであるが、中国社会で普遍的に強まる上昇志向は身分の定着を妨げる。

中長期的に見れば、戸籍管理制度による農民の管理は徐々に形骸化する可能性が高い。国民のプライバシーを侵害する档案制度は依然問題である。

共産党にとって国を統治する上で、档案制度や戸籍管理制度などは都合のよいシステムだが、負け組を差別するこれらの制度やシステムは同時に社会を不安定化する原因である。

政府・共産党にとって経済の近代化に見合った制度づくりが求められている。

# 第3章

## 中国人の人相

――権力欲と拝金主義

いかなる人も、顔は生まれつきの遺伝子によるものであるが、人生の歩みが年輪のように如実に刻まれてくるため、人相は必ずしも遺伝子によるものではない。

日本人もおそらく無意識のうちに、人相でその人を評価している。久しぶりに会う人に、「貫録が出てきたね」などと言われたりすることがある。人は必ずしもイケメンであったり、美女であったりする必要はないが、優しい顔の方が社会的に評判はよくなるだろう。

大胆に言えば、1978年に始まった**「改革・開放」政策によって中国と中国人はかなり豊かになったが、多くの中国人の人相は同時に悪くなった。**現代では、欲と言えば、もっぱら金銭欲や権力欲が中心になる。欲の薄い社会においては人々の上昇志向は弱く、経済発展も遅い。

中国の「改革・開放」政策は中国の欲、すなわち、上昇志向によって支えられ、経済成長の推進に成功してきた。

しかし、いかなることでも得るものがあれば、必ず失うものもある。この37年間の**中国社会を見れば、経済発展に成功した半面、環境が破壊され、モラルが後退し、人々の欲は人相を悪くしている。**

# 1　中国の指導者の人相

専制政治において指導者の権威と指導力を担保するのは制度そのものではなく、**「神秘性」**である。民主主義の政治では、政治指導者は記者会見に出て繰り出される質問に答え、生の声で国民にメッセージを送る。

それに対して、専制政治では、政治指導者はできるだけ記者会見を避けようとする。指導者の生の声がマスコミを通じて常に流れるようになると、神秘性が低減し、それによって権威と指導力が低下することを心配するからだ。

なぜ神秘性が低減すると、指導者の権威と指導力が下がるのだろうか。それは専制政治においては指導者は選挙民によって選ばれたものではなく、権力のパワーバランスによって誕生したものであり、権威と指導力を保つためには、国民の支持を得るよりも、国民に恐怖を与え続ける必要があるからだ。

**いかなる政治体制においても、権力闘争がつきものである。**

民主主義では、選挙という明確な仕組みがあり、それに則って権力が再配置される。むろん、民主主義でも、時には不正が行われることもあるが、選挙民のガバナンスによってその状態は是正されることが多い。

**専制政治においては、権力の再配置はまったくブラックボックスの中で行われるため、実態は「黒政治」と言っても過言ではない。**

歴史を振り返れば、スターリン、毛沢東、金日成といった〝専制君主〟の顔からは慈悲の気配を感じることができない。むしろ、彼らを恐れる恐怖から権威が生まれたのである。

**中国の政治指導者は指導力を保つために、「親しみやすさ」と「恐怖に基づく権威」の相反する両面を演じる必要がある。**

毛沢東は生前、小学生たちと記念写真を撮り、まるで救世主のような存在を演じていた。他方、学校や企業などの職場では、毛沢東の指導力を疑問視するあらゆる言論が徹底的に弾圧された。当時、毛沢東を批判する者は国民の敵にされた。多くの人民は毛沢東が微笑んで小学生たちと撮影した写真を見て、親しみやすさを感じていただろう。一方、少数の知識人は独裁者としての毛沢東を疑問視し、周囲にその考えを漏らし、密告された。

## 「田舎者」の共産党指導者

もともと共産党指導者の多くは農民の出身であり、身だしなみなどは全く気にしていない人が多かった。毛沢東自身は毎日とんでもなく放漫な生活を送っていたと言われている。毛沢東の主治医であった李志綏医師は晩年に綴った回顧録で、「毛沢東は歯を磨く習慣がなく、食後、お茶（緑茶）で口の中をうがいするだけだった」と書いている。李医師によると、晩年の毛沢東の歯はほとんど緑色だった。

今となっては確認することができないが、毛沢東と接見したニクソン米元大統領や田中角栄元首相は口を大きく開けて大笑いする毛を目の前にしてどのような感想を持ったのだろうか。

文化大革命の時、毛沢東の側近の一人、陳毅氏（元外務大臣）は迫害を受け、最後には病死したが、毛沢東は惻隠の情を感じたのか、急きょ、その葬式に出ることにした。しかし、憔悴しながらも、寝巻き姿のままでの参列だったという。**毛沢東のこうしたわがままで、いい加減な生活ぶりは小学生と記念撮影し、親しみやすさを演じる面とはまるで違う。**

社会主義中国の指導者の中で最も親しまれた周恩来は、フランスにも留学したことがあり、身だしなみはいつもきちんとしていた。しかも、決して乱暴な言葉づかいをしなかったと周囲は証言している。絶対多数の中国人は周恩来と直接接したことがないにもかかわらず、なぜ親しみやすさを感じたのだろうか。おそらくその外見と無関係ではないだろう。（ただし、最近の研究と証言などから周恩来も陰険で、冷淡な一面があったと言われている。確かに周恩来が文化大革命に加担した事実は否定できない）。

## ■家族愛のない指導者たち

人々は年を取るとともに、周りから慈愛の念を抱かれるためには円満な家庭生活が欠かせない。しかし、晩年の毛沢東には円満な家庭生活はほとんどなく、自由奔放な生活を送っていたと言われている。この点について毛沢東は古代の王様と何ら変わらない。否、それ以下かもしれない。

もともと毛沢東は極めて冷淡な男であり、自分の子供の面倒もほとんどみようとしなかった。毛沢東は愛人の秘書たちとの歓楽を楽しむために、子供たちを近づかせなかった。夫人の江青女史でさえ、毛に会うために、愛人の秘書の了解を取らないといけなかった。このような自由奔放な生活を送る指導者の人相が良いはずがない。

先に周恩来を仏のような存在と表現したのは、彼は終始節操を大切にしたからである。おそらく周恩来は毛沢東に殺されるのを恐れ、ありとあらゆることについて注意深くなり、かつ慎んでいたのだろう。

米国務長官ヘンリー・キッシンジャー（右）と握手を交わす周恩来〔1974年、北京〕（写真／ＡＦＰ＝時事）

中国の歴史研究者と政治学者たちは、周恩来のことを「不倒翁」（起き上がり小法師《こぼし》）と比喩している。米国の元国務長官ヘンリー・キッシンジャー博士は「（周は）自分が会ったうち、ドゴールに匹敵する『最も印象的な』外国政治家だ」と評している。

そして、ニクソン元大統領は自らの回顧録『指導者とは』で、「周は共産主義革命家であるとともに、儒教的紳士であり、筋金入りのイデオローグであるとともに読みの深いリアリストであり、権謀術数の闘士であるとともに、折れ合う技術にも長じていた」と振り返っている。**今風の言葉で言えば、周恩来はこの上なく〝複雑系〟の存在だったということだろう。**彼が人相を良い状態に保ったのは、自らの欲を満足させる行動を取らなかったからだと思われる。

しかし、「改革・開放」政策以降の指導者たちを見ると、人相の良いものが少ない。

現在、中国には8700万人ぐらい共産党員がいると言われている。そのほとんどは人類を解放するといった高貴な志を持っているものではなく、自らの利益を最大化しようとするものである。貪欲な者ほど人相が悪い。

## 自信のない指導者たち

中国の古い指導者たち、すなわち、革命家たちは必ずしも良い家庭教育を受けたことがなく、政権を樹立した後の家庭生活や日常生活は放漫で思うがままの生活だった。毛沢東は毎日、朝になると寝て、昼過ぎに起きる習慣だったと言われている。

指導者たちは体を鍛えるなどの運動習慣はなく、毛沢東は水泳が好きだったが、それは体を鍛えるためではなく、ある種のゲームだった。東洋の食文化では、よく「腹八分目」

と言われるが、**中国の指導者たちは好きなように食べたいだけ食べているので、糖尿病などの生活習慣病にかかる割合はとても高いと言われている。**

ただし、中国の指導者たちは不老長寿の願望が人一倍強い。

考えてみれば、放漫な生活を送りながら不老長寿の夢をみるのは自己矛盾であり、皮肉なことである。

２０１５年、ある有名な気功師が逮捕された。この気功師の名前は王林。気功でさまざまな病気を治療することができ、不妊症までも完治すると言われていた。

彼が逮捕されたきっかけは弟子の一人の殺害に関わった疑いである。気功はインドのヨガなどと同じように健康に良いものだろうが、病気や不妊症を完全に治療するといった医療行為にはなり得ない。

不思議なことに、この王林気功師の客の多くは政治指導者や有名な芸能人であった。政治指導者や有名な芸能人が王気功師の世話になっていたため、一般の中国人も多くの者がとりこになってしまった。

王気功師はビジネスの規模を拡大させるために、その技の一部を弟子に伝承したが、その中に王気功師を離れ、独立しようとするものが現れた。もしそうなれば、王気功師の「ビジネスモデル」は完全に明るみに出てしまうことになる。それを危惧した王気功師は弟子を殺害したとみられる。

中国国内の新聞報道によれば、王気功師がここまでビジネスに成功したのは政治指導者の支援があったからだと言われている。

その政治指導者が誰なのかは明らかではないが、習近平政権の反腐敗闘争で失脚した者の可能性が高い。王気功師は罪を犯しても、指導者に守られると思い込んで、より大胆になり、とうとう罪を犯してしまったのだろう。

このような詐欺まがいの民間療法にすぎないものが政治権力と絡んでしまい、サスペンスの匂いをただよわせるようになった。

なぜ英明な政治指導者が詐欺師にだまされ、詐欺に加担するのだろうか。一つは**不老長寿の願望が強いからであり、もう一つはすべてに関して自信がないから**であろう。

## 2 無慈悲な人間関係

### 器恐怖政治の根源

恐怖政治の根源は「秘密主義」であるが、その恐怖は権力者が国民に与えるものだけでなく、権力者同士も互いに恐怖にさらされ、毎日、それにおびえている。

重慶市共産党委員会書記だった薄熙来氏は拘束される前、自分の政治に異議を唱える弁護士や企業経営者を捕らえ、恣意的に迫害した。

**その最も典型的な事件は、李庄弁護士事件だった。**

李庄弁護士は重慶で起訴されたある企業の経営者の弁護を担当していたが、偽証を強要したとして起訴された。後に、薄熙来氏が拘束され、李弁護士の冤罪《えんざい》が認められ、釈放された。恐怖政治は、政敵を倒す手段としても使われる。これは独裁的な社会主義体制の伝統でもある。

**毛沢東に恐怖政治を教えたのはスターリンである。**

スターリンはソビエト革命に参加したほとんどの同志を迫害し、暗殺ないしシベリアなどへの流刑に処した。毛沢東はスターリンが行った恐怖政治をそのまま真似して実行した。毛沢東は革命に共に参加した幹部たちをほぼ全員迫害し、その大多数を殺した。権力者にとって恐怖政治は自らの権力基盤を固めるための基礎である。

独裁的な社会主義体制において党のすべての決定は全会一致で採決される。もし異議を唱える者が現れたとすれば、党の分裂を企てたとして責任が問われる。

中国では、毛沢東がやっていたことに賛同できない林彪（元共産党中央委員会副主席）は毛に異議を唱えることができず、ソ連に亡命しようとしたが、搭乗していた飛行機はモンゴルで墜落した。

同様に、1989年、**趙紫陽元総書記は最高実力者鄧小平による干渉について北京を訪問したゴルバチョフに愚痴を言ったところ、更迭された。**

趙紫陽氏の「罪」はそれだけでなく、民主化を求める学生運動に同情的とされ、党の規律に違反したことも罪に問われた。

要するに、専制政治を維持する前提条件は権力が絶対的であることである。

その絶対性を堅持するには、恐怖政治でなければならない。また、恐怖政治の正当性を誇示する形で、党の決定が全会一致である必要がある。

## 熾烈な権力闘争はエンドレス

共産党が政権を樹立した当初のモットーは「為人民服務」（人民に奉仕すること）だった。しかし、それ以降の歩みを振り返れば、人民に奉仕するどころか、政権運営は常に権力者が権力を維持するための権力闘争だった。

マルクスは共産主義体制を提唱したが、その詳細にわたる制度の設計まではできなかった。レーニンは革命に関するプロだが、平和の時代を経験していないため、経済建設については素人だった。

スターリンも毛沢東もいわば野心家だった。この２人はいずれも皇帝になりたくて革命に参加した。**彼らの脳裏には、人民に奉仕する考えはまるでなかった。**

権力欲の強い者は日々の生活で心労が重なり、人相が次第に悪くなる。聖職者が慈悲に満ちた存在であることとは対照的に、権力欲の強い野心家の顔には慈悲などまったく感じられない。

われわれは慈悲に満ちた聖職者や権力欲の強い野心家に容易に近づくことはできないが、その周囲を観察することはできる。慈悲に満ちた聖職者の周囲もその栄光を受けているため、同じように謙虚な者が多い。

それに対して、野心家の周りには「狂犬のような者」がたくさん集まる。

考えてみれば、いかなる社会でも、人々が権力と利益だけで結ばれるようになれば、社会は安定しない上、人々や権力者の顔には慈悲の相は現れない。**いかなる社会でも権力の暴走を止めるメカニズムが必要である。また、いかなる人も欲望を自己抑制する力が必要である。**中国社会の一番のリスクは権力の暴走を食い止めるメカニズムが用意されていないことである。

なぜ権力の暴走を止められないかと言えば、専制政治は批判者を常に排除しようとするからである。

マスコミは政府にコントロールされ、憲法に言論の自由が保障されていると書かれていても、実際は、政府批判をした場合、罪に問われることが多い。

中国には「国家政権転覆扇動罪」が設けられている。いつになったら、中国に民主主義が実現されるのだろうか。

## 器社会のラストリゾート

いかなる社会にも、そして、いかなる人間にも「ラストリゾート」すなわち、最後の心のよりどころが必要である。

人間はパニックに陥った時、最後に信じるものが必要であるが、それは往々にして宗教であることが多い。もちろん、何を信じるかはその人の自由である。

中国では、毛沢東は政治指導者であると同時に、自らが神様を演じようとしていた。すなわち、毛沢東時代、毛沢東思想は中国人の最後の心のよりどころだった。当時、「毛沢東語録」はキリスト教徒における聖書と同じように、学生、農民、労働者などほぼすべての中国人に１冊ずつ配られていた。しかし、**「毛沢東語録」はほとんど乾燥無味な政治的説教にすぎず、中国人の心の最後のよりどころにならなかった。**

歴史を振り返れば、社会主義中国が成立する前の中国では、古典文化が「ラストリゾート」だった。社会主義中国になってから、数千年も続いた中国の古典文化はすべて「迷信」

と言われ、完全に否定された。その代わりに、マルクス・レーニン主義と毛沢東思想が植え付けられた。社会主義のプロパガンダに国民の多くが一時的にだが魅了された。資本主義社会では、労働者が資本家に搾取されると言われ、「社会主義こそが労働者にとっての天国なのだ」と言われた。

もし中国経済が発展し、国民が幸せになれれば、毛沢東思想は本当の「ラストリゾート」になったかもしれない。文化大革命は1966年から10年間も続いた。工場はまともに生産活動を行わないし、農民も農作業を放棄した。

後の研究によれば、多くの人が餓死したと言われている。確かな統計はないが、最も多い推計で、3000万人以上が飢え死にしたと言われている。最も少なく見積もっても2000万人を超えるだろう。

1970年代に入ってから、極端な物不足を背景に、配給制が導入された。食料だけでなく、自転車などの耐久消費財や布などの日用品もすべて配給制になった。いかなる魅力的なプロパガンダでも、ここまで物不足に陥れば、真の「ラストリゾート」にはなれない。

# 3 人相は最高の名刺

## 人は見た目による

中国語には、「人不可貌相」という言い方がある。日本語の「人は見た目によらない」と同じ意味である。しかし、このような先祖の教えは往々にして実態と相反することも多い。

**すなわち、人は見た目によらないのではなく、人は見た目による。**

以前、中国の民間金融市場の実態を調査するために、湖南省で中小民営企業に高利貸しを行っているある経営者にインタビューしたことがある。民間金融は中国では「地下金融」と呼ばれている。金の貸し借りにおいては借入れ人を適切に審査することが重要である。この経営者は自己紹介する際、開口一番「私の貸出はほとんど焦げ付くことはない」と自慢げに言った。

「どのように審査するかというと、まずお金を借りに来る人の人相を見る。人相の悪い人にはお金を貸さない」と滔々《とうとう》と教えてくれた。地下金融に従事する経営者自身の人相は正直に言って、それほど良くはなかったが、**金を融資する時に、相手の人相を重視すると言われたことは、率直に言って意外だった。**

個人的に出会ったことのある中国の指導者の中で人相の良い人といえば、昔、上海市長を務めたことのある王道涵氏である。

王氏は江沢民を鄧小平に推薦した張本人と言われている。王氏と上海市役所で接見した時に握手をしたら、その手は80歳の老人のものとは思えないほど柔らかだった。その顔をうかがうと、清潔感が漂い、常に微笑んでいた。決して作った笑顔ではない。

王氏は晩年、台湾との交渉の窓口である両岸関係協会の会長を務めていた。その相手役は台湾の海峡交流基金会理事長の辜振甫氏だった。辜振甫氏とは経団連の講演会で一緒になったことがあるが、中国の標準語（マンダリン）、台湾の閩南語、日本語、英語のいずれも堪能で、しかも品格のある話し方だった。例えば、同氏は人の考えを批判する時に、「こいつは馬鹿だ」などとは言わず、「この方は愚かですね」と言う（余談だが、今の日本人は日本語を粗末にする傾向がある）。

言うまでもないことだが、宰振甫氏の人相もたいへん良かった。

## "イケメン"でも人相が悪くなる

中国の政治家の中でイケメンといって思い浮かべるのは、２０１３年、巨額の収賄と横領の罪に問われ、無期懲役の判決が宣告され確定した薄熙来重慶市元党書記であろう。**日本の財界でも薄のファンだった人は１人や２人ではない。**しかし、薄熙来が拘束される直前に出席した全人代で記者会見した映像を見ると、その人相は考えられないほど悪くなっていた。

それは自分が逮捕されることを予知して機嫌が悪くなり、それが顔に出たという程度の話ではない。その目には冷静沈着さや思いやりはまるでなかった。中国の政治指導者は髪の毛を染める風潮があるが、髪の毛を染めることで白髪を隠すことはできるが、人相と陰険な目つきまでは隠すことができない。それはその人の心の表れだからである。

戦争の時、上海のジェスフィールド通り76号に拠点を構えた重慶特務工作機関が日本軍によって設立された。その責任者は丁黙邨という人であり、丁の仕事はもっぱら国民党や

重慶市党委員会書記の時の薄熙来〔写真左〕全人代で記者会見した時の薄熙来〔写真右〕（共にAFP＝時事）

共産党の中の抗日分子を暗殺することだった（犬養健『揚子江は今も流れている』、中公文庫）。

２００７年に公開された、台湾の監督アン・リーが撮った映画「ラストコーション」（中国語名「色戒」）の一部はこの歴史を背景にしている。

ある歴史学者に直接聞いた話だが、丁が日本の敗戦後、蒋介石の国民党軍に捕らえられ、１９４７年、南京で処刑されたが、捕らわれる前の丁は、毎日、死人を見たために、その人相は信じられないぐらい皺《しわ》だらけで険悪なものだったという。直接、その表情を撮影した写真を見たことはないが、おそらく真実だろう。

毎日、嫌なことに見舞われ、時間が経過すれば、その人がたとえイケメンでも人相は徐々に悪くなる。前述の高利貸しの話はまったく無意味なことではない。人相からその人の日常の生活ぶりはある程度想像できる。ビジネスがうまくいかなくて毎日苦労している人には高利貸しの「地下金融」でさえ金を貸してくれない。

**政治指導者は後継者を選ぶ時に、見た目を大変重要視する。**まず、背の高い方が望ましい。鄧小平は背が低すぎるため、指名される対象になれなかった。だから、自力で権力を奪った。逆に、鄧小平が指名した後継者の江沢民も胡錦濤もいずれも背が高く見た目はまあまあよかった。

## 囧権力欲と金銭欲の強い者の人相はよくない

仕事柄、出張の際に中国の共産党幹部に会うことが多いが、ここ十数年来、出会った多くの幹部の顔は人相が悪く「汚れていた」。

以前、香港でパーティーに参加した時、陳方安生元副長官に会ったことがある。背の小

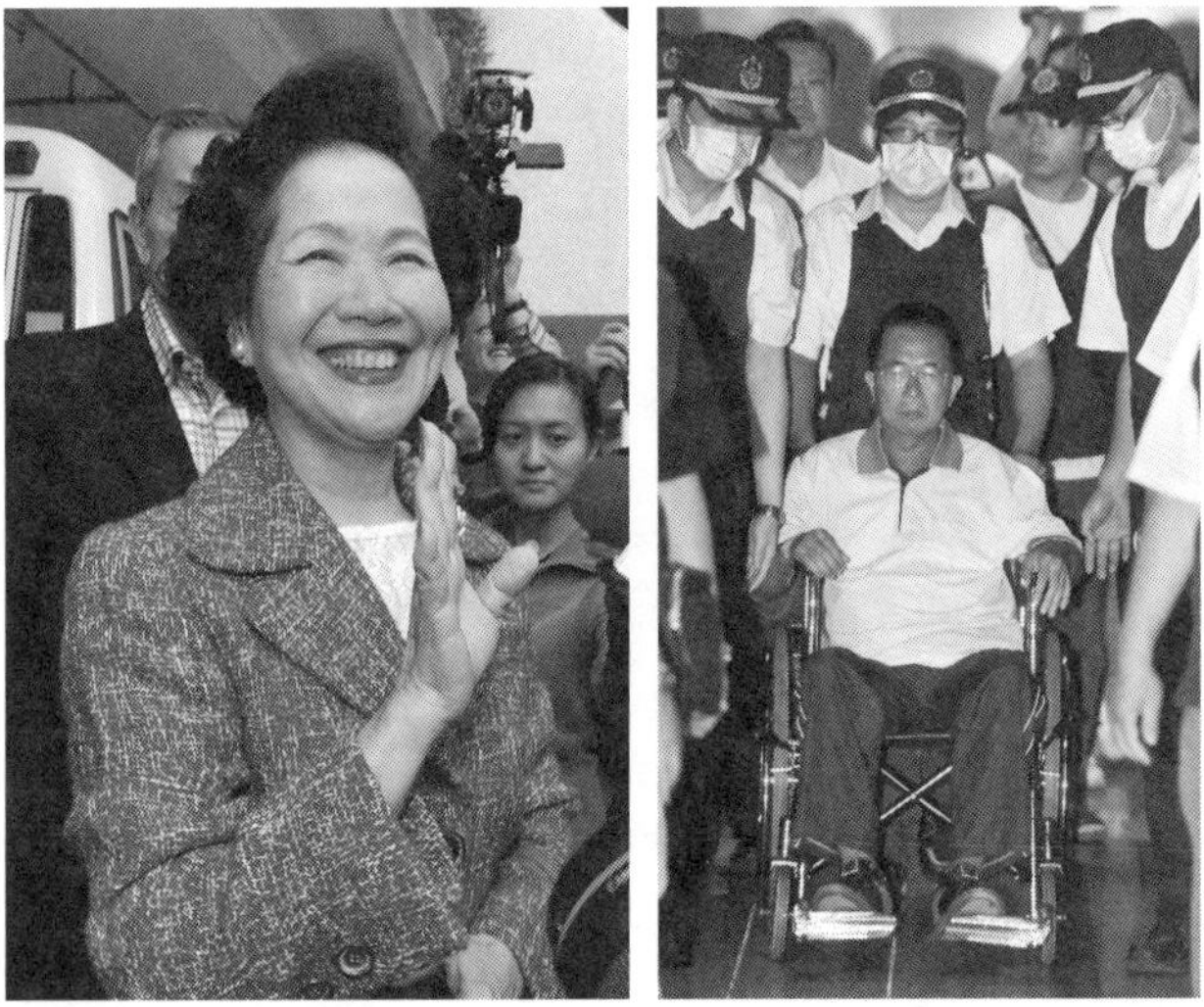

車椅子に乗せられ病院から出てきた台湾の陳水扁元総統（2012年）〔写真右、Imaginechina/時事通信フォト〕、香港の立法会補選で勝利を収めた陳方安生元政務官（2007年）〔写真左〕（写真／ＡＦＰ＝時事）

さいご婦人といったところだが、清潔感が漂って親しみやすい感じがした。

一方、台湾の指導者陳水扁氏はその見識は別として、巨額の横領、収賄、インサイダー取引などで有罪判決が宣告された。かつて、民主化運動を主導していた時代の写真と裁判の時の写真を比較して見ると、びっくりするほど人相が悪くなった。

一般的に政治家の人相は仕事柄、悪くなりがちである。なぜならば、政治家は権力欲が強いからである。権力欲の弱いものはそもそも政治家にならない。

さらに悲劇を生むのは政治家の金銭欲である。お金は目的ではなく、手段である。先に述べた薄熙来はまさにその典型である。巨額の賄賂を受け取り、そのお金で多くの女優やテレビ局のアナウンサーと関係を持ったとも言われている。裁判所の判決では詳しいことは省略されたが、新華社の報道では、「長期にわたって多数の女性と不適切な関係を持った」という。

考えてみれば、**いかなる人間でも、毎日のように権力とお金に溺れて生活すれば、人相が良くなるはずはない。**

何年も前のことだが、ある北京の高官と食事をした時、「柯先生、私は以前よりたくさんの金がある。権力もある。でも、生活のレベルは下がった」といきなり言われたことがあった。彼の言おうとすることは私にはよく理解できた。豪邸に住んで、お金もたっぷりあるが、１年間のうち、数回しか家族と食事することができない。宴会はたまに参加すると楽しいかもしれないが、毎日、宴会に出ると、そのうち嫌になってしまう。

華人系の国の中で幹部の顔に比較的に清潔感があるのはシンガポールである。

幹部の顔に清潔感がなければ、その国民は幸せになれない。では、**幹部の顔の清潔感はどのようにしたら保てるかというと、安心感を持つことが重要である。**

この世の中では誰でもお金を欲しいと思うが、そのお金は安全・安心なものでなければならない。政治家は誰でも権力欲があるが、その権力は不正な手段で手に入れたものであってはならない。

すなわち、安全・安心な社会であれば、政治家も国民もおのずと顔に清潔感があふれる。一般的にお坊さんや司教などの宗教関係者は世俗社会の欲を最小限に抑えて神仏に仕えるため、顔に清潔感が漂い人相が良い。20年前にサリン事件を引き起こしたオウム真理教の麻原教祖はその顔の汚さについては強調しなくてもよいだろう。

現代は物欲が横行する時代であり、それが権力とつながれば、悲劇が生まれる。洋の東西を問わずきれいごとを言う政治家が多いが、その人相はすべてを物語っている。

# 第4章

## 中国人の人格
### ――高いプライドと「仮面」

民族性とは、その民族の人々の「性格の総和」であると解釈できる。
例えば、**米国人は陽気な民族、日本人は静かな民族、**とそれぞれ表現できる。

**そこで中国人について考えると、日本人と正反対で騒がしいところが目立つ。**

かつて、中国経済を調査するために、日本人の研究者グループと中国に出張したことがある。内陸の都市、武漢に行き、皆で夕食をとる際に、せっかくなので比較的高級なお店で食べようということになった。私たちは個室を取らずホールに行ったのだが、巨大なホールは客で満杯で、個室を取らなかったのは今から考えると誤算だった。**私たち一行は同じテーブルについていたのだが、テーブルの向こう側の相手と会話する時に大声で叫ばないと、全く会話ができない状況だったからだ。**

レストランのホールでは100人以上の客が食事をしていたが、そのほとんどの人は現地の人で、全員が叫びながら食事をしていた。

以前、日本人の友人に「中国人は耳がいいから外国語がうまい」と言われたことがある。私にはそうとは思えない。**耳のいい人であれば、大声で叫んだりしない。**

別の機会に広州から西安へ飛行機で移動したが、乗客のほとんどは広州の人で、乗ってから降りるまで全員大声でおしゃべりしていた。飛行機の中はまるで「青空市場」のようだった。そのエネルギッシュぶりには驚いたが、考えてみれば、それこそ中国人の民族性の表れであり、仕方のないことだと思った。

**中国人のもう一つの民族性はプライドが高いことである。**

どの民族もそれぞれの誇りを持っているが、**中国人は特にプライドが高い。**中国人にとってプライドとはほかの人と自分を区別するための「心」である。

**外国人が中国人の「心」を理解するのはそれほど簡単なことではない。**

かつて銀行系のシンクタンクに勤めていた時、中国から要人が来るたびに、本店秘書室が困り果て、頭取と会食する際の席順をどうアレンジするべきかを私に相談してきた。「君は中国人だから、分かるだろう」とよく言われたのだが、中国人同士の席順を決めるのは難しい。それは、それぞれの人のプライドに関わる問題だからである。

同じ職場の人ならば、席順を決めるのはさほど難しくないが、異なる職場の人の場合、席順を適切にアレンジしないと、トラブルになりかねない。失敗した時には、大騒ぎになるかもしれない。

## 1　プライドだけは世界一

### 器大きければ大きいほどよい

先にも述べたが、中国人の名刺には「著名芸術家」などと書かれたものがある。いくら何でも自分のことを「著名」と自称するのはいかがなものかと思う日本人は多いはずである。

むろん、日本人の中にも、自分の名刺に写真を載せたり、多くの兼職をリストアップしている人はいる。それは自分が偉い人であることを示したいのだろう。

**日本人は自分の目の前にいる中国人がどういう人なのかが分からない時に、その肩書きを見て判断しがちである。**

それは仕方のないことだが、**肩書きだけで判断すると、見誤ってしまう恐れがある。**中

北京西駅。建築面積17万平方メートルでアジアで最も大きな駅の一つ（写真／時事通信フォト）

国を訪問する日本人は往々にして相手の接待ぶりに圧倒されてしまうことが多い。巨大な会議室で接見して、巨大なレストランでご馳走になると、多くの日本人はこれで萎縮してしまう。

**中国文化では「小」にこだわらず、「大」を絶えず追求する。**

海外から北京空港に降り立つと、その巨大さに圧倒されてしまう。そこから北京の西駅に行くと、どうしてこんなに大きい施設を造るのか、不思議で仕方がなくなる。

中国人、正確に言うと、中国の指導者にとって、空港や駅は「国の顔」で

北京空港第3ターミナル。総面積が98万平方メートル、南北に3kmにおよぶ超巨大建造物で北京オリンピックのために建設された。(写真／時事)

ある。だから、**面子《メンツ》を重んずる中国人にとって、「顔」は大きければ大きいほど良い**ということになる。ただし、巨大な空港と駅は利用者にとって必ずしも使い勝手がよいわけではない。

　中国経済は現在、世界第2位の規模に発展しているが、**中国政府は公共施設を建設する際に、常に世界一を目指す。**

　習近平国家主席が「中華民族の復興」を宣言する時、おそらくその脳裏にはすべてにおいて世界一になることをイメージしているに違いない。**世界一大きな空港、世界一大きな駅、世界一高いテレビ塔は中国という国の名刺となる。**

これこそ中国という国の肩書きである。

## 郷に入っても従わない

**どんな人でも、プライドがなければ、その人格は成り立ち得ない。**

中国人のプライドは何によって支えられているのだろうか。

国際社会において中華文明は中国人の誇りであり、**中国人のプライドは中華文明に支えられていると言っても過言ではない。**

ただし皮肉なことに、現在の中国人の多くは中華文明とは何であるかを必ずしも知らない。

社会主義中国が成立してから生まれた中国人は、学校教育で古典文化の教育をほとんど受けたことがない。**儒教の教えの中で最も有名な「仁、義、礼、智、信」という基本を暗記している中国人はほとんどいない。**

学校教育で、政府・共産党は学生に愛国・愛党を強く求めて教え込むが、数千年の歴史の中で輝いた古典はほとんど忘れ去られてしまった。

**それでも、中国人はＤＮＡのレベルで自分たちが世界の中心に位置していると感じている。**だからこそ中国人は自らの生活習慣がいくら合理性を欠いたものであっても、国際社会においてそれを押し通してしまう。

日本人は、外国に出掛ければ、常に「郷に入れば郷に従う」べきだと考えるが、中国には同じ意味の言葉「入郷随俗」があるけれども、**実際の行動では、必ずしも郷に従わない。**おそらく多くの外国人の目にはこのことは「傲慢《ごうまん》」としか映らないだろう。

この世の中にはいろいろな「世界」が存在し、それぞれの世界の特有なルールと言語がある。中国には「盗亦有道」という言葉がある。これは、盗賊の世界にもその道のルールがあるという意味である。

中国共産党においても独特なルールがある。

習近平国家主席は汚職撲滅に取り組む中で、全党員に対して「政治の規律を忘れるな」と警告している。「政治の規律」が何かについて、習主席は明確に説明していないが、いかなる党幹部も自らの利益が党の利益を凌駕《りょうが》してはならないということであろう。すなわち、党中央は絶対的な存在であり、それに反するようないかなる言動も許されない。このルールは**共産党の中で表向きではかなり徹底されている。**

共産党内部においては指導者を批判する文化はそもそもなく、絶対に許されない。

この文化は共産党および中国全土で独特な雰囲気を作り出している。中国に出張して共産党幹部と会食する機会が時々あるが、そのテーブルで誰が一番偉いかをまず確認しないといけない。

その上で会食の時に、一番偉い幹部がどんなに間違ったことを述べたとしても、それを訂正したり、否定したりすることはしてはいけない。「あなたが今おっしゃったことは間違っている」などと指摘した場合、**とんでもない大ごとになってしまう。**

**その結果、共産党幹部はますます自分のミスに気が付かない上、批判されることに耐えられなくなる。**共産党幹部にとってプライドとは、自らの権威を保つための基盤でもある。

**日本の国会で野党議員が総理を罵倒《ばとう》しても、総理はそれに耐えるしかない。おそらく総理の内心は穏やかではないだろう。でも、なすすべはない。**こうした光景は中国ではあり得ない。

文化大革命の時、国防部長だった彭徳懐氏は毛沢東が進めた大躍進を手紙で批判したところ、毛沢東の逆鱗に触れ、「反党集団」と指定され、追放された。彭徳懐は共産党の政治規律に反した行動を取ったと見なされた。

彼の指摘が正しかったかどうかは、そこでは問題とはならない。

## 2 コンプライアンスは〝ぜいたく品〟

### 責任は追及されない

2015年8月、天津で化学薬品倉庫が大爆発した。天津市政府の発表によれば、100人以上が死亡し、少なくとも数百人がけがをしたという。天津市はなぜ大爆発が起きたのかについて十分な説明をしていない。また、この倉庫にどのような薬品が保管されていたかについても明らかになっていない。

中国のマスコミの報道で、シアン化ナトリウムが700トン保管されていたことは分かったが、そのほかにどのような薬品が保管されていたかはいまだ明らかになっていない。

中国のマスコミは連日、消防隊員の懸命な消火活動を褒めたたえているが、**事故の真相に関する報道は控えている。**政府は本当のことを発表しないため、インターネットやＳＮＳでは、デマなどが流れる。政府は住民の怒りの矛先が政府に向かうのを警戒して、ネットでの統制を強めている。

民主主義の国では事件や事故が起きた場合、当事者（政府または企業）はアカウンタビリティ（説明責任）を果たさなければならない。あらゆる嘘やデマは真実によってのみ打ち消される。

しかし、**中国では責任追及が反政府運動に発展することが心配され、ほとんど事件や事故の責任は明らかにされない。**その典型は建国後数千万人が犠牲になった毛沢東時代の責任だが、鄧小平は毛沢東の責任を追及せず、迫害された知識人や共産党幹部の名誉を回復しただけであり、政府・共産党としての正式な謝罪すら行われなかった。

党が幹部、知識人および人民に謝罪することでその権威に傷がつくと思っているのだろう。こういう考えの背景には、数千年も続いた「王朝には特権がある」という考えがある。

## 「依法治国」

中国の外交部スポークスマンは記者会見で、「中国は法治国家である」とよく口にする。中国には法律があるが、それをもって法治国家であるとは簡単に断言できない。これまで中国は多くの法律を制定したが、これらの法律がきちんと守られているかどうかについて検証しなければならない。

今、先進国では、「コンプライアンス」が流行語のように使われているが、その意味には「遵法責任」も含まれている。**その点で、中国では、「コンプライアンス」という言葉の意味がほとんど理解されていない。**

習近平国家主席も**「依法治国」（法律によって国を治める）**を繰り返し強調しているが、中国では、党の指導と順法のどちらが優先されるかといえば、決まって党の指導が優先されている。つまり、党が法律を凌駕している。前代未聞の挑戦だと思うが、中国共産党は、党が法律を凌駕していても、「依法治国」できると考えているようだ。

２０１５年、北京の中南海という要人たちの住まい兼執務室にフランシス・フクヤマ氏（国際政治学）と青木昌彦氏（経済学）ら３人が招かれ、共産党規律検査委員会書記の王岐山と会見した。

その席で**王岐山は「海外では、一党独裁の政治では腐敗を撲滅することができないと言われているが、私はそれを信じない。必ずやってみせる」と豪語した。**

王岐山の志と勇気には敬意を表するが、まず、共産党幹部腐敗の温床を取り除かなければ、腐敗を根絶できないのは常識である。党の規律検査委員会は幹部たちに恐怖を与えることができるが、恐怖だけでは、腐敗を抑制する効果は一時的なものに終わるだろう。**共産党幹部にとっては、法律の順守よりも党の指導に従うことを優先すべきだということになる。**

特に、共産党指導部にとっては「自分こそが法律である」という意識はすでに強いものとなっている。共産党中央委員会常務委員の周永康氏（2015年6月に失脚）は党の政治法律委員会書記を務め、ほぼすべての重大な裁判案件は周の了解が必要だった。

しかし、共産党指導体制では、こういうトップレベルの指導者に対する監督メカニズムが現在のところ用意されていない。

共産党指導体制が腐敗せず存続する前提として、**共産党指導者は普通の人間とは違って、私利私欲などなく絶対に腐敗しない存在**とされているが、実際の指導者たちを見ると、共産党幹部は至って普通の人であり、絶対的な権力を手に入れれば、すぐさま腐敗してしまう。

従って、**中国でコンプライアンスを議論するとすれば、まず、専制政治の制度を改革し、それから司法の独立性を担保する必要がある。**

## ■中国人は謝罪しない

**中国人は謝罪しないが、米国人も謝罪しない。**

2001年、米軍の電子偵察機が中国軍の軍用機と空中衝突し、中国軍パイロットが行方不明となり、米軍機も損傷し海南島に不時着した。米軍機の乗組員が中国側に拘束された。中国政府は米国政府に対して謝罪を求めたが、最終的に、米国政府は「sorry」という表現で遺憾の意を表明した。

米軍乗組員と偵察機が米国に帰還した後、米国政府のスポークスマンはわざわざ記者会見を開き、米国政府として中国政府に「sorry」と遺憾の意を表明したが、「apologize」という表現で謝罪はしていないと強調した。

国として謝罪した場合、責任問題となる可能性があることから軽々に謝罪しないのだろう。

野田政権の時、尖閣諸島（中国名「釣魚島」）が国有化されたことを受け、中国で大規模な反日デモが発生した。その中で、日系のスーパーと日本企業の工場が暴徒に破壊されてしまった。その時、中国外交部のスポークスマンは記者会見で、「このような事態の責任はすべて日本政府にある」と述べた。この理屈は、「デモや抗議活動は日本政府によって引き起こされたもので、若者の破壊活動はやむを得ない」ということのようである。

米中軍用機の接触事故で米側が中国に「おわび」の書簡を送ったと報じる中国の新聞〔2001年、中国・北京〕（写真／ＡＦＰ＝時事）

しかし、法的に考えれば、いかなることがあっても、企業や個人の私的財産は保護されなければならない。何よりも、尖閣諸島は日本企業によって国有化されたものではない。**中国政府が暴徒を厳しく取り締まらなかったのは明らかに間違っていた。**

政府が謝罪しないのは、国際的な事件だけでなく、国内向けでも同じである。先に述べたように、中国政府は文化大革命の犠牲者に対していっさい謝罪していない。1989年の天安門事件はいまだに「動乱」と性格づけられており、人民解放軍によって殺害された学生や市民に対しても、何の謝罪も行われていない。

## 3 信用されない政府とモラルハザード

### 諸悪の根源は政治

中国には56の民族が共存しているが、漢民族以外は少数民族と呼ばれている。人口統計によれば、漢民族の人数は全体の94％を占めている。しかし、漢民族といっても、言語や風俗習慣などを見るとすべて同じというわけではない。また、漢民族はみな同じ宗教を信奉しているわけでもない。

歴史的な変遷は別として、中国人は日常生活で自分が漢民族であることをほとんど意識することはない。

**あえて分類すれば、漢民族は南方の漢民族と北方の漢民族に二分することができる。**南方の漢民族の生活様式は村社会であり、米文化が主流である。北方の漢民族は地理的な影響と少数民族の騎馬民族の影響により肉食と小麦の食文化が主流である。しかし、伝統的に中国人の生活には政治のエレメントが少なかった。

明王朝の時、顧炎武という知識人がいて、後世に多くの文献を残したが、彼の言葉の中では、**「天下興亡、匹夫有責」**というものが一番有名である。この言葉の意味は、「天下の興亡には庶民に責任がある」ということである。

**この言葉を聞くと、多くの中国人はある種の使命感、すなわち、愛国心が沸き起こる。**中国共産党が行う愛国教育の古典文化との接点はこの言葉と言える。しかし、顧氏のもともとの文脈には次の文章がつながっており、今の中国人、特に若者の多くがそれを知らない。その言葉とは**「国家興亡、肉食者謀之」**である。この言葉の意味は、「国家の存亡は肉を食うものが考えることだ」というものである。

「天下」と「国家」が区別されて使われていることに留意してほしい。天下をよくするためには、一人ひとりの庶民に責任があるが、国家の存亡は肉を食うものに責任がある。

古代中国では、庶民はめったに肉を口にすることができなかった。**今の感覚で言えば、政治家と役人が肉を食う者に当たる。**

ちなみに、古代中国では、商人は社会的地位が最も低かった。

**国家が不安定化する責任は庶民になく、政治家と役人にある。**

近代社会では、政治の悪を抑制するために、民主主義の政治システムが考案された。今や民主主義は最も価値の高い文化だと言える。何よりも、社会主義体制を堅持する国々も建前上、民主主義を信奉することになっている。

ただし、**中国で使われている民主主義という言葉は先進国の民主主義とは全く違うものである。**この点については、中国政府も政府御用達の知識人もはっきりと認めている。

いかなる政治体制でもその国の風土に合致しなければショック反応が起きる。しかし、それを真の民主主義を拒む口実にしてはならない。

習近平政権になってから取り組まれている汚職撲滅からも分かるように、共産党幹部は人民に奉仕するよりも国富を蝕《むしば》むものが多い。かつての村社会では、政治と関係なく人々は安定した自給自足の生活を送っていた。今は、政治が否応なしに人々の生活に入ってくる。政治こそ諸悪の根源である。

## 誰が信用を崩壊させたのか

金融市場と金融システムは信用の上に成り立っている。

上海株式市場の株価指数は２０１４年下期から上昇に転じ、２０１５年に入ってから急騰し、１年で２・４倍の上昇になった。しかし、同じ時期の中国経済は減速に転じ、中国政府もなすすべがなく、**減速する経済のことを「新常態」と定義せざるを得なかった。**

本来ならば、株価の高騰は好景気と上場企業の好業績によって支えられるものである。しかし、上海の株高は市場によって支えられておらず、政府によって支えられている。**換言すれば、上海株式市場の株価水準は中国政府の信用度を図る尺度になっている。**

中国政府は『人民日報』などの政府系メディアを動員して「これから株価がもっと上昇する」、「株価の上昇はまだ始まったばかりだ」といった宣伝工作に出た。

10年前だったら、中国の投資家は株価が一時的に下落しても、おそらく政府が何とかしてくれると信じていただろうが、**今では、誰も政府の力が万能であると信じていない。**

中国が今直面しているのは信用の危機である。中国人は誰の言うことが信用できるか分からず途方に暮れている。毛沢東時代、中国人は政治的に毛沢東にだまされた。「改革・開放」政策以降、政府によって経済的にだまされている。従って、中国では、「コンプライアンスはぜいたく品」であると言わざるを得ない。

実は、社会主義体制の最大の問題は責任の所在が不明なところにある。

先に述べたように、**中国では、政府はいかなることがあっても、絶対に謝らない**。最高実力者・鄧小平が好きな言葉に「**実事求是**」がある。これは、正しいことは正しい、間違いは間違いという謙虚な気持ちを表す表現である。

しかし、鄧小平自身も「実事求是」の人生を貫くことができなかった。政治指導者はいかなることがあっても、責任を取らないため、中国社会では、モラルハザードが横行する。

株価の暴落や天津で起きた巨大爆発事故などは、誰かが責任を取らなければ、国民によって許されない。

**上海株価の暴落を助長した責任を問われたのはマスコミだった。**

中国人ジャーナリストが「政府系ファンドは市場から退出する」という記事を雑誌など

に発表した。これがデマだったとして当該記者が拘束され、しかも、政府系テレビ局の中央電視台（ＣＣＴＶ）で罪を認めさせられた姿が放映された。

**スケープゴートを探し出すことは事件や事故を処理する一つの方法になっている。**例えば、文化大革命の責任を毛沢東に帰することはなく、江青女史をはじめとする四人組の責任が追及された。四人組に全く責任がないわけではないが、主犯格は四人組ではなく、毛沢東本人である。

## ４　模範的価値なき社会

### 器　仮面をつけた政治指導者

中国の政治指導者が最も嫌うのは記者会見をすることである。なぜならば、選挙によって選ばれていない政治指導者はそもそも記者会見をする必要がないと考えているからである。しかも、**記者会見で失言した場合、政敵に揚げ足を取られる恐れがある。**従って、政治指導者は往々にして書面で談話を発表する。中国のテレビ局はよほどのことがないかぎり指導者の肉声を伝えない。

中国人にとって社交の場といえば、会食になる。会食以外の時に、親友同士が集まって「品茶」、すなわち、お茶を楽しむこともある。文化大革命の時に、迫害を受け自殺した作家の老舎に『茶館』という有名な作品がある。この作品は清朝末期の北京のある茶館（喫茶店）を舞台に、中国社会の移り変わりが生々しく描かれている。残念ながら、社会主義中国が成立した後、茶館の文化は途絶えてしまった。

今、中国の政府高官の執務室にはたいていの場合、茶器セットが置かれている。日本の茶道はお茶を飲むことよりもむしろ礼儀作法を重視している。それに対して、中国人の「品茶」は礼儀作法のためではなく、純粋においしいお茶を飲むのが目的である。強いて言えば、英国人のアフタヌーンティー（午後の紅茶）に似ているかもしれない。

**政治指導者にとって、お茶を飲むことと会食は、大きな政治決断を行う場になっている。**それに、公共の茶館でお茶を飲みながら仕事の話をすれば、情報がもれる可能性がある。だから、指導者たちは執務室でお茶を飲む。

指導者が表に出て発する言葉は決して一人の人間としての言葉ではなく、政治的立場から発せられたものである。従って、そのほとんどは無味乾燥なものとなる。

要するに、普段、我々がテレビの画面を通じて見る指導者の顔はその本来の顔ではなく、単なる仮面にすぎない。髪の毛は染めたものであり、表情は作られた笑顔であり、言葉にはユーモアがない。そこからは人望や魅力などはまるで感じられない。

## 模範的人物と社会規範

中国共産党は社会の価値観を形成する際、中国の古典文化や民主主義といった価値観をすべて除外し、**共産党員の中から模範的な人物を選びだし、全国的にそれを学ぶ運動を繰り広げるやり方で共産党の独特な価値観を形成しようとする。**

その中で、最も有名なのは雷鋒という人民解放軍の兵士である。彼が毛沢東時代のヒーローだった。雷鋒は軍人として戦争に参加したわけではないが、模範的な言動として「横断歩道を渡るおばあさんを手伝った」という話が有名だった。

実は、共産党が雷鋒を模範として表彰し全国的に宣伝した背景には、雷鋒が毛沢東の指導に全面的に従い、共産党に最も忠誠心を持っていることがあり、それが重要だと言いたかったようだ。換言すれば、雷鋒は愛国教育の道具として利用されたのである。

歴史学者の研究によれば、当時、撮影された雷鋒の写真の多くは捏造《ねつぞう》されたものだという。要するに、**雷鋒という人物は人為的に作り上げられた虚像だった**。問題は中国人の価値観をどのように形成させるかである。

江沢民時代まで中国共産党は絶えず模範的人物をヒーローに作り上げた。おそらくこういった人為的に作り上げられた虚像は指導者自身は信じていなかったに違いない。胡錦濤政権になってからこうした模範的人物をヒーローに仕立てる工作はとりあえず一段落した。習近平政権になってからも、模範的人物を仕立てることは行われていない。それは指導者たちが模範的人物を仕立てたくないということではなく、その効果がほとんどないことが明らかになったからだろう。

## 性善説も社会次第

古代中国で児童教育の中でよく用いられる教本の一つに「三字経」というテキストがあ

上海の大世界駅に掲出された「雷鋒」のポスター〔写真上〕「雷鋒に学べ」の紙を持つ子どもたち〔写真下〕（共に写真／Imaginechina/時事通信フォト）

る。その最初に書かれているのは、**「人之初、性本善」**というものである。すなわち、人間は生まれながら善であるということである。

合理的に人間の言動を観察すれば、人間は生まれながら本能的に動く動物だが、その家庭環境と生活環境によって善か悪かに分かれてしまう。大胆に予測すれば、紳士でも野蛮人の中で長く生活すれば、徐々に野蛮人に近づいていく可能性が高い。

**海外の中国ウォッチャーは往々にして中国の実力者を「大人《ターレン》」と表現する。**何をもってある人物を大人と呼ぶのか、その定義は明らかではない。例えば、日本人はある中国の政治指導者と接見して、その人に教養や品性を感じとった場合、その人を「大人」と評する傾向が強い。一方、中国では、伝統的にある指導者や権力者を「大人」と評する際、細かいことを気にしないという意味が込められる。

実は、一つの社会の価値観は高貴なものである必要がない。すなわち、価値観とはその社会の人々が目指す目標というよりも、その社会のベースラインを再確認するためのものである。分かりやすく言えば、横断歩道で信号を待つ時に、信号を無視してはならないというのはその社会の立派な価値観である。そして、店先で人気の商品を購入する際、行列に割り込みせず、きちんと待つことも重要な価値観である。性悪説は、その社会のベースラインを無視する行為である。

社会のベースラインはいわばその社会の行動規範である。人々は何をすべきか、あるいはすべきでないかを考えて行動するのではなく、その頭と体の中に刻まれている価値観が瞬時に判断して行動を決定してくれる。**問題は、毛沢東時代から共産党が人々に代わってすべてのことについて価値判断しようとしたことである。**人々は党の指導に従って行動すれば良いというのが毛沢東時代の風潮だった。これこそが究極的なマインドコントロールだったのである。

# 第5章

# 中国人の生活

## ——急速に豊かになる一方で広がる公害

最高実力者だった鄧小平によって推進された「改革・開放」政策は奇跡的な経済成長を実現し、中国人の生活は様変わりした。

中国社会と中国経済の現状を見れば、依然としてさまざまな問題が存在することは明らかだが、「改革・開放」政策が始まった1978年に比べ、中国人の生活レベルが改善されたことは否定のできない事実である。

毛沢東元国家主席が死去したのは1976年9月だった。**その頃の中国人家庭では、自転車はぜいたく品だった。**当時、上海の1人当たりの居住面積は3平方メートル未満だった。3世代や4世代の家族が10数平方メートルの1部屋で同居するケースが決して珍しくなかった。都市部の多くのアパートにはトイレや洗面台がなく、道路沿いの公衆トイレの利用を余儀なくされた。

「改革・開放」当初、外国人観光客を受け入れるために、主要都市では、外資と合弁で高級ホテルが建設された。これらの高級ホテルは外国人専用とされ、中国人が勝手に出入りすることは禁止されていた。

当時、中国人は高級ホテルの敷地の外でホテルをバックに記念写真を撮影していたものである。ほとんどの中国人は豊かな外国人観光客を目の前にして、うらやましい半面、永遠に彼らと同じようにはなれないだろうと思っていたに違いない。

それから40年近くが経過し、現在、ニューヨークのタイムズスクエア、パリのシャンゼリゼ通り、東京の銀座でグッチやシャネルなどの買い物袋を手に持っている人はほとんどが中国人観光客である。

日本に来る中国共産党幹部は時々私に「日本人の生活は本当に質素だな」と話す。確かに中国人の富裕層と比較すれば、日本人の生活は質素そのものと言える。中国の大都市では、１人当たりの居住面積は25平方メートルで、富裕層の居住面積は１人当たりその倍の50平方メートルを超えている。特に共産党幹部の場合、高級マンションを３戸や４戸保有しているケースは珍しくない。

それに対し、日本では別荘を持っている人は珍しい。普段暮らしているマンションでも、多くの場合、１家族当たり70平方メートル程度の物件がほとんどである。

つまり、この間、中国人の衣食住は信じられないほどレベルアップしたのである。

「改革・開放」政策は中国人の生活レベルを向上させたが、一方で、悪くなった部分もある。**年配の中国人は「昔は、すべての肉や野菜を安心して食べられたが、今の食べ物はどれに毒が入っているのか分からない」とよく不満をもらす。**従って、全体的に見た場合、中国人の生活レベルが本当に向上したかどうかについては、簡単には結論を出すことはできない。

かつて、ある中国の政府高官が私に対して、「柯先生、今は金と広い家はあるが、生活の質が悪くなった」と嘆いたことがある。この人が言う「生活の質」とは、本業の成功と家族との幸せな時間のことである。

## 1 物質的には豊かだが、精神面は空洞化

### 物不足時代からの脱却

今の中国の若者の多くは「物不足」の実態を理解できないだろう。**しかし、わずか30年**

**前の中国は極端な「物不足」の時代だった。**

毛沢東時代、共産党内の権力闘争が毎年のように繰り広げられていたため、国営企業と人民公社は生産活動ができず、1970年代に入ってから物不足が深刻化し、食品をはじめ、ほぼすべての商品が不足したため配給制の導入を余儀なくされた。

例えば、都市部では、米や小麦粉を買う場合、現金だけでは買うことができず、必ず「糧票」と呼ばれる食料チケットを同時に差し出さないといけなかった。

食料の配給については肉体労働者はひと月16キロ、事務処理の仕事と学生の場合はひと月12・5キロ、というように割り当てられた。

食料チケットさえあれば、食料品店で「平価」（公定価格）で食料を購入できる。食料チケットがない場合、自由市場などで「議価」（値引き交渉で決まる価格）で購入することになる。

35年前に、最高実力者だった鄧小平が国民に生活レベルを小康状態（そこそこのレベル）にする「改革・開放」政策の実施を呼び掛けて、幅広く支持された。なぜならば、**当時の中国人は広い家やマイカーなどを保有するという、あり得ないぜいたくな生活を夢見ることをせず、腹いっぱい食べられれば、それで十分というのが生活の目標であり実態だった**

からだ。

鄧小平の農業改革では、農民が自由に生産し、収穫した農産物のうち、国に納める部分以外は自由に売ることができるようにした。「生産請負責任制」と呼ばれるこの改革は、農民の積極性を喚起し、農業の増産を実現した。1980年代半ば以降、食料不足や食糧難が急速に改善された。

中国人の住居が改善されるようになったのは1990年代半ば以降のことだった。中国では、土地は公有制であるため、民間資本が参入して住宅を開発することがそれまではできなかった。

1995年ごろ、世界銀行のアドバイスで民間資本による住宅開発が推進された。公有制のハードルを突破するために、土地の公有制をそのまま維持しながら、土地の使用権（定期借地権）を貸す考え方が導入され、宅地の場合は70年間、商業用地の場合は50年間、払い下げられる形で住宅開発が行われた。それ以降、中国人の住環境は一気に改善された。

2000年代に入ってから、住環境の改善に伴い、中国人は自家用車を保有し始めた。

**30年前、ほとんどの中国人は自転車に乗っていたが、今や、中国の都市部では自動車社会になっている。**

中国政府は一貫していかに経済成長を維持するかを政策の重点にしてきた。一つは波及係数の高い住宅開発である。マンションなどの開発をすると、鉄鋼やアルミ、板ガラス、セメントといった素材産業が隆盛することで、その効果が波及し、経済成長が支えられる。そして、自動車が普及すれば、同じように鉄鋼やアルミ、板ガラスなどの〝川上〟の産業が発展する。政府・共産党にとって経済成長はその正当性を証明する一番の証左になっている。

しかし、中国人の生活レベルが飛躍的に向上したのは何といっても、2008年の北京五輪と2010年の上海万博がきっかけだった。この二つの国際イベントの開催を契機に、全国的にインフラ整備が進み、中国人の生活レベルの質的向上が達成された。

## 囧いまだ見ることができない作品

経済発展によって中国人の「物欲」はかなりのレベルにおいて満たされたが、精神面の欲求はほとんど満たされていない。

精神面の欲求とは、情報にアクセスする自由、種々の文学作品の鑑賞、言論の自由、報道の自由など中国の憲法で保障される権利のことである。これらは現状では大きく侵害されたままだ。

毛沢東時代、国民党時代から残された文化や作品はもとより、中国の古典文化までが完全に否定された。それと同時に、報道や文学作品の創作が政府・共産党の宣伝に寄与しないといけないとされ、社会主義プロパガンダを作り上げる道具にされてしまった。

例えば、毛沢東時代、映画の創作はそれほど数は多くはなかったが、すべてが毛沢東と共産党を謳歌する作品だった。これらの作品は国民の心を豊かにすることは当然ながらできない。

なぜ国民の心を豊かにする作品が創作されなかったのだろうか。**一番の問題はほぼすべての文学者が共産党を批判し共産党に協力しない「右派」（革命に消極的で資本主義に協力的な知識人と共産党幹部）として打倒されたことだ。**そして、文学作品の創作は許可制となり、政府・共産党の許可を得ないまま創作すると、反革命のレッテルを貼られる恐れ

上海舞劇団の日本公演、「白毛女」の舞台（写真／時事）

があった。

当時、有名な文化人は辺鄙な農山村に追放され、強制労働をさせられた。残りの二流、三流の文化人は政府・共産党に迎合して共産党を謳歌する作品を創作した。国民は否応なく毎日のようにこれら無味乾燥な「作品」を見せられた。

今でも、中国のバレエ団が訪日した際に公演を行う曲目は「白毛女」と「紅色娘子軍」である。前者は貧農が地主に搾取され、行き場を失った時の悲劇を描いた物語である。後者は海南島で漁村の娘たちが革命軍に参加する時の情景を描いたものである。私はエコノミストなので、これらの作品の芸術性を評価する資格はないが、**直感的に国民の心を豊かにする作品でないこと**

**は分かる。**

「改革・開放」政策以降、鄧小平の時代になってから、文芸作品創作の統制はいくらか緩和された。毛沢東時代に上映禁止された作品の多くが解禁となった。

同時に、外国作品も少しずつ輸入されるようになった。その中で、最も重要な作品は日本映画だった。これについては後述する。

問題は文芸作品の創作に関する審査体制がまったく改められなかったことにある。政府・共産党は依然として創作活動に厳しく介入した。１９８０年代半ばから、資産家階級の自由化に反対するキャンペーンが繰り広げられた。資産家階級の自由化に反対するというのは、言論の自由や人権を唱える価値観を警戒する動きである。

特に、**文化大革命など毛沢東時代に共産党幹部や知識人が迫害されたことを描く作品の創作が厳しく制限されるようになった。**

その典型例は、２００８年の北京五輪開幕式のプロデュースを担当した張芸謀監督が撮った「活きる」という映画がいまだに中国国内で上映禁止されていることである。「活きる」は１９４０年代から「改革・開放」までの時代の変遷をある夫婦の運命を軸に考察した物語である。この夫婦の人生は悲劇続きだった。

同じ時期に、創作された田壮壮監督の「青い凧」もいまだに公開されていない。「青い凧」は社会主義中国が成立してから「改革・開放」までの物語である。

これらの映画を見ると、人々は毛沢東時代の過ちを回顧しながら反省するようになる。だから、こうした作品は政府・共産党にとって許し難いものだったようだ。

中国人は「物欲」は満たしつつあるかもしれないが、精神面では依然として「砂漠」のような状態である。

## 中国人を驚愕させた日本映画

2014年11月、現在40代以上の中国人にとってはショックな出来事が起きた。「杜丘」という日本人が悪性リンパ腫により83歳で亡くなったというニュースが流れたのだ。これは実に信じられないことだった。

杜丘とは、「君よ憤怒の河を渉れ」（中国語訳「追捕」）という日本映画で検事役を務めた高倉健のことである。実は、**30年あまり前の中国の「改革・開放」政策はこの1本の日本の映画から始まったと言っても過言ではない。**

俳優の高倉健（右）と握手する中国の映画監督、張芸謀（左）〔2005年の東京国際映画祭〕（写真／ＡＦＰ＝時事）

当時、最高実力者だった鄧小平は国民に向かって「四つの近代化を実現せよ」と呼び掛けたが、それをきちんと理解できた国民は少なかった。四つの近代化とは、「農業の近代化」「工業の近代化」「科学技術の近代化」「国防の近代化」である。しかし、何をもって近代化していると評価すればいいかまったく不明であった。

ちょうどその頃（１９７９年）、「君よ憤怒の河を渉れ」が中国に輸入され、中国全土で上映された。

当時の中国の外貨事情から中国はその放映権を有償で買ったのではなく、おそらく日本から寄付されたのではないかと推察される。当時、外国映画は字幕ではなく声優による吹き替えが一般的だった。また、原作は2時間以上あったが、実際に映画館で放映されたのは1時間半の短縮版だった。共産党の宣伝部門から見て不適切な部分は全部カットされた。**もしこの映画が英国かフランスの映画だったら、それほど大きな衝撃はなかったのかもしれないが、日本の映画だったので大きな衝撃を中国社会に与えた。**

というのは、それまで中国人が持っていた「日本人の印象」は中国で作られた抗日戦争の映画の中で銃を持って侵略に来る日本の軍人ばかりだったからだ。**実際の日本はどういう国なのか、実は当時の中国人は誰も知らなかった。**

そのような中で、突然、高倉健が演じる刑事の物語が映画館で上映され、その中には、新宿のピカピカな地下街のシーンもあれば、北海道の牧場主は何とセスナ機まで保有していた。当時の中国では、人々が持っているのはせいぜい国産の自転車だけだったから、この映画によって中国人は相当な刺激を受け、**日本人がこんなに豊かな社会をつくり、生活ができているのだから、同じアジアの中国人でもできるだろうと誰もが思うようになった。**

映画の中で、冤罪《えんざい》を着せられた検事を逮捕しに来る刑事（原田芳雄が演じた）は、北海道の山で熊に襲われ大けがをする。検事（高倉健）はその場で彼の手当てをして刑事を助ける。そして目覚めた刑事は突然拳銃を取り出し、「たとえお前が俺を助けたとしても、お前を逮捕する」と言ったのだが、**見ている誰もが「これこそ模範的な共産党員じゃないか」と当時思ったものである**（否、中国共産党員ならその命の恩人の検事を逃すだろう）。

この映画を見たすべての中国人は経済と社会の近代化について具体的なイメージを抱くことができたのである。

日本のような近代的な社会こそが中国が目指すべき「四つの近代化」なのである。この映画を見ていると、日本は侵略国家には見えない。**それ以降、中国人は侵略された歴史をいったん封じて日本のことを受け入れた。**

むろん、当時の多くの中国人にとって俳優としての高倉健は知らない。知っているのは映画の中のヒーロー「杜丘」だけである。その後、高倉健は中国を何回も訪問したが、出会ったすべての中国人に「杜丘」と呼ばれていた。**これこそ文化の力であり、今の言葉で言えば、「ソフトパワー」なのである。**

## 2　食品不安の蔓延

### 「民以食為天」

中国人にとって食は最も重要な生活における要素である。

古代中国には、「民以食為天」という言葉があるが、その意味は、「民は食を以て天となす」ということである。

**中国にとって食生活の重要性はほかの民族をはるかに凌駕《りょうが》するものである。**

毎回のことだが、出張などで米国を訪れると米国人の「食に関する考え」の希薄さに驚く。

かつて、ある日本人の友人とワシントンの高級ホテルでランチを食べた時のことだが、私はハンバーガーを、友人はサンドイッチを注文した。そしてウエイターが運んできた料理を見て私たちは言葉を失ってしまった。その量は世界一と言えるものだったが、食べてみると、その質は論評するに値しないものだったのである。食については英国人もまた同じである。何回も英国に行ったが、印象に残る料理はほとんどない。

**中国文化においては食文化が中心である。**

筆者が小さい頃、中国では、人々は朝昼晩いつでも出会った時のあいさつは「食べましたか」と聞くことであった。

「食べましたか」とあいさつされたら、「食べました」または「まだです」と応じる。むろん、「まだです」と答えても、ほとんどの場合、相手からご馳走されるわけではない。重要なのはあいさつとして相手に「食べましたか」と聞くことである。

このことからも中国人にとって食がどれだけ重要なのか、その一端をうかがうことができるだろう。

**現在の中国では、経済政策は「菜籃子工程」（野菜かごプロジェクト）と表現される。**

昔、中国人が自由市場へ買い物に行く時には、必ず竹で作った籠を持参して買い物をした。経済政策を「野菜かごプロジェクト」と表現しているのは、食品価格は常に安定させせなければならないという意味が込められているからである。

世界で国や民族によって耐えられないことはそれぞれ違うが、中国人にとって最も耐えられないのは食が脅かされることである。

毛沢東時代の末期、中国は危機的な状況に陥った。なぜならば、年々の権力闘争により食の安全保障が脅かされたからである。「改革・開放」政策以降、人々は不満を募らせているが、食の安全性が根本的には脅かされていないため、不安こそあるが、まだ危機的な状況に陥っていない。つまり、**共産党にとって、統治を盤石にするためには、まずは食の安全性を保障する必要がある。**

実は、古代の中国人は「民以食為天」に加え、もう一つの言葉「王以民為天」と続けて警鐘を鳴らした。これは、王は民を無視し彼らを犠牲にしたら、天下は安定しなくなるという意味である。これは今の中国の権力者にとっても銘記すべき格言となるだろう。

## 食の不安

朱鎔基元首相の時代、「食の安全保障」を担保するために、地方の食料サイロの視察が強化された。地方政府は中央政府に報告する食料の生産量のデータを水増ししていたため、当時、朱首相は自ら梯子《はしご》に上ってサイロの中身を確かめることまでした。

温家宝前首相の時代になってから、都市再開発が進み、農地が急速に減少するようになった。これ以上、農地が減少すれば、食料の安全保障が脅かされるとして、温家宝前首相は農地の総量について最低必要ラインを定めた。それは全国の農地の総量が1億2000万ヘクタールを下回ってはならないということである。

しかし、ここで守らないといけないボトムラインの科学的な根拠は示されていない上、その算出方法については疑問が残るものだった。

**中国政府は食料生産を増やすために、品種改良に取り組んでいるが、食料の自給率は改善されていない。**中国農業部の発表によれば、海外からトウモロコシや大豆に加え、今の中国は米までも輸入する国になった。近年はブラジルやフィリピンなど海外で農地を借り上げて農業の開拓に取り組んでいる。

**中国で食料の需要が増えている背景には、中国人の食生活の変化がある。**中国人の肉の消費量が増えているため、家畜のえさとなる穀物の消費量が増えるようになった。**これは**

**中国の農業が直面するジレンマである。**

一方、**食料の需要増に拍車を掛けているのは中国人の浪費である。**

伝統的には中国人は食料を大切にする習慣があった。特に、家庭教育の中で農民は一粒一粒の米を苦労して作っているので、絶対に無駄にしてはならないと教わる。しかし、「改革・開放」政策以降、経済発展に伴い、中国人の生活レベルは急速に向上した。そうした中、**中国人は「たかが食料」と軽く思うようになり、浪費が目立つようになった。**

とりわけ、公費を使った食事の場合、自分のポケットマネーでないため、食べる分の３倍ないし４倍を注文することが多い。中国人は人にご馳走する際、他人と比較されることを考え、**また「けちくさい」と言われるのを嫌がって何でも多めに注文する。**

大胆に予測すれば、中国の食料生産と輸入の２割は浪費されていると思われる。

他方、**中国には、依然として２億人の貧困層が存在する。**

この格差は今に始まったことではなく、詩人の杜甫によれば、唐の時代でも、「朱門酒肉臭、路有凍死骨」と言われていた。これは、「権力者の家には、肉や酒は腐るほどあるが、路上は飢えて凍死する人もいる」という意味である。

最近の研究によれば、途上国ほど食料の浪費が目立つと言われている。インドでも、浪費がひどく、政府はレストランなどでの外食の時、食べる分以上に注文し、それを捨てた場合、税金を課すことにしている。中国はインドよりもひどいかもしれない。しかし、今のところ「ぜいたく税」を課す動きはまだない。

習近平政権になってから幹部腐敗の撲滅に取り組んでおり、そのために高級レストランでの消費はいくらか減少しているが、**これはあくまでも一時的な現象であろう。**

## 罒危機的な状況にある食品汚染問題

日本にとって中国は冷凍野菜や魚と肉などの加工食品の供給地である。日本人は食品の安全性の確保について特にデリケートである。長い間、日本人にとって中国で起きている食品汚染問題は「対岸の火事」のようなものだった。

日本人の中国食品の安全性に対する高い関心を引き起こしたのはおそらく2007年12

中国製冷凍餃子中毒事件に関連し、輸出途中で天津港から回収され、天洋食品の冷凍保管庫に積み上げられた「ひとくち餃子」の段ボール箱。事件では、農薬入り餃子を食べた女児が一時、意識不明の重体になるなどの被害が出た。（写真／時事）

月に発覚した**「毒餃子事件」**ではないかと思われる。中国の河北省の天洋食品という会社は冷凍餃子を日本に輸出していたが、その餃子に殺虫剤に使われる「メタミドホス」が混入されていた。これは事故ではなく、事件だった。従業員は会社の待遇に不満を持ち、「殺虫剤を混入させた」と言われている（ちなみに日本でも２０１３年12月に同様の意図的な異物混入事件が起きている）。

その後、中国では、食品安全性を脅かす事件が相次いで起きた。**有名な事件として、「地溝油」といって、**

**排水溝に捨てられた油を生成して食用油として販売する悪質業者が摘発された**ものがある。さらに、粉ミルクに、たんぱく質含有料を偽装するために「メラミン」という化学物質を混入していた事件も起きた。このような信じられない事件を挙げればきりがないが、こうした事例から、事態の深刻さの一端をうかがうことができる。

なぜこのような信じられない事件が多発するようになったのだろうか。**その背景には、中国社会のひずみがある。**まず、不満と鬱憤を抱える人々の存在があり、そのはけ口として犯罪へと走っていった。そして、食品会社は自らの利益を最大化するために、消費者を犠牲にしている。さらに、**こうした犯罪を未然に防ぐ監督・ガバナンス機能が十分に備えられていない。**

これらの諸要因に加え、もう一つの問題がある。中国では、指導者たちは普通のスーパーでは食料品を買わない。国務院（内閣）には共産党高級幹部に特別な食料品を提供する特別な部署が設けられている。その特別な食料品のすべては有機栽培ものであると言われている。つまり、指導者たちは毒が混入される食品を口にする心配などまったくないため、そうした犯罪行為を取り締まる本気度も出てこないというわけである。

指導者たちが人民と同じスーパーで買い物をするようになれば、スーパーは毒入り食品を売ることはできなくなるだろう。

## 3 〝消えた青空〟とPM2・5問題

### 經 経済発展で犠牲にされた「環境」

筆者が生まれ育った中国の南京という町は、長江（揚子江）が流れる南に位置する旧都である。30年前は市街地にたくさんの池が点在していて、水郷だった。しかし、わずか30年間で南京の町は様変わりし、ほとんどの池が埋められ、高層ビルが林立するようになった。

中国人にとっては、林立する高層ビルは近代化の象徴のようなものである。

かつて、私が名古屋大学に留学していた時、南京市長は名古屋訪問に際して地元新聞に「私は市長を務める間に、40階以上のビルを40棟以上建てる」との公約を自慢げに話した。今の南京は市長の公約通りとなったが、古き良き南京はもう二度と戻ってはこない。

中国の国営テレビの中央電視台（ＣＣＴＶ）の元キャスター崔永元氏は「改革・開放は個性のない鉄筋コンクリートの高層ビル群からなる２００の大都市を造っただけ」と批判している。「改革・開放」政策は明確なグランドデザインがなされないまま、経済開発が進められた。**最高実力者・鄧小平の言葉で言えば、「渡り石を叩き（探り）ながら川を渡る」（足裏で川底の石を確かめながら暗中模索で進む）ということである。**

この言葉は鄧小平氏のリアリズムを証明しているが、問題は先進国で実証している成功経験を中国がなぜ学ぼうとしないかにある。すなわち、本来は、渡り石など叩く（探る）必要はなかった。

政府・共産党は「近代化」を目標に経済開発を進めたが、環境に対する配慮は最初からなされていなかった。

中央電視台（ＣＣＴＶ）の別のキャスター柴静氏は、自費で大気汚染に関するドキュメンタリーを作成し、インターネット上で公開した。その内容はあまりにも衝撃的なもので

中国・北京でマスクをして自転車通勤をする人（写真／ＡＦＰ＝時事）

インターネット上のＳＮＳは「炎上」した。

柴は内陸の山西省に取材に行った時に、ある小学生に「星空を見たことがある？」と尋ねたところ、その子供はまるで星空とは何か知らない口調で「ないよ」と答えた。

中国の政治家はいつでも口癖のように「われわれは子孫にきれいな山河を残さなければならない」と繰り返す。しかし、柴静とこの小学生との対話を聴いた政治家や指導者は恥じるべきである。

**唐の時代の偉大な詩人杜甫は「国破れて山河在り」という句を残した。しかし、今の中国を目のあたりにして思うのは、「山河破れて国在り」というものである。**

10数年前に三峡ダムが造られる前に、「一度でもいいから長江下りをした方がいい」と言われ、遠路はるばる重慶まで行ってそこから乗船し宜昌まで長江を下ったことがある。その時の感想を一言で言えば、「がっかりした」だった。

長江を下る前に、一度、家族とドイツでライン川を下ったことがある。ライン下りは実に時間を楽しむ旅だった。両岸の古城とうっそうと茂った緑は目の保養にもなった。

それに対して、**長江下りは痛々しい旅だった。しかも、三峡ダムの建設にまつわるさまざまな汚職をその後耳にして、いっそう強い憤慨を覚えた。**三峡ダムは電力を作るためのダムではなく、環境汚染をもたらし、幹部の腐敗を助長した。

## ▦環境汚染はモラルハザードの結果

では、なぜ環境汚染が深刻化するのだろうか。

一部の論者は環境汚染は「経済成長の副産物である」と指摘する。例えば、かつて英国も日本も高度成長期に環境汚染が深刻化したと言われている。私が中学校で英語を勉強していた時、「ロンドンは霧の都」と習った。実際は、今の言葉で言えば、それはPM2・5だったのだろう。同じように日本でも川崎、四日市、北九州などでの大気汚染は相当ひどかったと言われている。

しかし、環境汚染が経済成長の副産物、すなわち、その必然的な結果のような結論には賛成できかねる。環境汚染は政府、企業とそこの住民のモラルハザードの結果である。モラルハザードとは無責任な行為である。政府がきちんと監督責任を果たせば、環境汚染はそれほど深刻化しない。**企業は社会責任、今の言葉で言えば、コンプライアンスを果たせば、汚染物質を排出しないはずである。**そして、住民にも責任がある。多くの住民は自分の力が限られているので、努力してもほとんど意味がないと思い込んでいる。これでは、環境は改善せず、すべての住民は環境汚染の被害者になる。

２０１４年３月に北京に出張した時、北京のＰＭ２・５の値は史上最悪の１立方メートル当たり５５０μgだった。その日の午後、習近平国家主席は北京の街を視察し、日本でいう大衆食堂のような料理屋で肉まんを食べたと報道されている。この報道をきっかけに、中国国内の一部の論者は大気汚染が実に平等のものであると皮肉るようになった。すなわち、**国家主席だろうが、一般人だろうが、吸う空気は同じだということである。**

先ほど触れた柴静氏のドキュメンタリーによれば、PM2・5の原因は、第一に石炭の燃焼、第二に車の排気ガスだと指摘されている。もともと肉眼で見えないPM2・5はさまざまな汚染物質とくっついて化学反応を起こし、発がん性の物質に変わる。

実は、かつてのロンドンの大気汚染の原因も石炭の燃焼だった。その後、英国人は、石炭をきれいに洗ってから燃やすようにした。そして、家庭で石炭を燃やさず、集中的に熱を供給するようにして、空気の質は大幅に改善された。それに対して、**現在の中国のエネルギー消費の約7割は石炭に頼っている。**しかし、中国産の石炭の質は悪く、ほとんど洗浄せず燃やされている。

一方、輸送機器の排気も深刻なレベルに達している。中国の自動車の保有台数はすでに1億台を超えている。ガソリンについて、中国政府はユーロ基準を参考にして厳しい基準を導入したが、実際にガソリンスタンドで販売されているガソリンは政府が定めた基準をほとんど満たしていない。また、ほとんどの船舶は重油を燃料にしているが、海運と内航(川の航行)も大気汚染の原因の一つである。

## 加害者イコール被害者

大気汚染が深刻化すれば、そこで生活するすべての者が逃れることができず被害を被る。にもかかわらず、政府も企業も住民も日々深刻化する大気汚染を見て見ぬふりをする。大変残念なことだが、多くの中国人は大気汚染は自分と関係ないと思っているようだ。大気汚染はどんなに深刻であっても車に乗る者はそれをやめられない。また、**多くの中国人はたとえ車に乗るのをやめても状況は変わるわけがないと思っている。**

大気汚染による人々の健康への被害は徐々に現れてくるものである。従って、どんなにＰＭ２・５の濃度が高くても公園などで太極拳を楽しむ人がいる。むろん、中国人の体は鉄などでできたものではなく、詳細な統計は公表されていないが、北京などの大都市では、喘息患者や肺がんの患者は急増していると言われている。

なぜ政府はもっと大気の質の改善に取り組まないのだろうか。

それは経済学者が政府に「大気汚染の改善が経済成長を減速させる」と吹き込んでいるからである。**政府・共産党にとって経済成長は自らの正当性を実証する唯一の証明になっ**

**ている。**最高実力者だった鄧小平はかつて「経済発展はこの上ない〝理屈〟だ」と豪語したことがある。すなわち、中国政府の経済政策の支柱は経済発展至上主義である。

地方政府にとっても大気汚染を退治できない切実な理由がある。汚染物質を排出する工場の存在は明らかだが、雇用を確保しなければならないから操業停止に追い込めないのである。また、これらの環境汚染をもたらす企業は政府に税金を納めている。**多くの地方政府にとって、これらの企業からの税金は欠かせない。**

むろん、環境問題を解決せずに、中国経済は持続可能な発展を成し遂げることはできない。

短期的に見れば、政府は環境汚染をもたらす企業から税金を徴収し、これらの企業はいくらか雇用の創出に貢献してはいる。しかし、環境汚染の深刻化によって人々の健康被害も深刻化している。**ただでさえ社会保障の低い中国社会では、環境汚染の深刻化によって社会保障制度はさらにひっ迫してしまう恐れがある。**

こうした理屈は明々白々だが、政治指導者は自らの在任期間中のことしか心配しない。

柴静氏のドキュメンタリーでは、主要都市のPM2・5の問題が深刻化したのは、2004年ごろからであると指摘している。要するに、胡錦濤政権（2003～12年）の間に、改革などはまったく進まなかったということだ。温家宝前首相は記者会見を行うたびに、命を賭けて改革に取り組むと豪語した。しかし、**終わってみれば、胡錦濤政権は実に「無為の政権」だった。**

こうした中で柴静というCCTVを退職したジャーナリストが自費でこのようなドキュメンタリーを制作し、中国社会に対して警鐘を鳴らしたことに敬意を表する。このドキュメンタリーは中国における環境改善に向けた里程標（マイルストーン）になるに違いない。

## 4　中国のマザーテレサ

### 前近代的な中国農民の悲劇

エイズ（後天性免疫不全症候群：AIDS）という病気を知らない人はいないだろう。エイズは正確に言えば、「ヒト免疫不全ウイルス」に感染された病気である。その主な感染経路は性交渉と汚染された注射器による静脈注射などである。

２００６年、中国河南省鄭州市の産婦人科医師である高耀潔は鄭州武警医院の依頼で、42歳の女性患者を診察した。16日間も40度に上る高熱が続き、口の中は重度な潰瘍《かいよう》になり、一緒に診察に立ち会った医師の多くは何かの奇病に侵されているのではないかと考えた。高医師は、この女性が免疫系の病気に罹患したと考えた。血液検査の結果、高医師の疑いは的中した。この女性はエイズだったのである。高医師はこの診察が自分の人生を変えることになるとは当時知る由もなかった。

しかし、どのようにしてエイズウイルスに感染したのかは謎だった。この女性の親族にはエイズ患者はいなかった上、女性は麻薬などの注射歴もなかった。高医師は女性の親族に対する聞き取りを行ったところ、その感染経路が判明した。

この女性は2年前に子宮頸管ポリープの手術を受けたことがあり、その時に輸血を受けた。従って、最も可能性が高いのは輸血された血液での感染だった。

この女性患者はそれから10日後に死去した。高医師はこの女性患者の感染経路を解明するために、さらに１００カ所以上の村を訪問し聞き取りを行った。最後に辿り着いた真相は、河南省の貧しい農民たちは子供を学校に行かせるために、「売血」、すなわち、血液を売っていることだった。

病院は買ってきた血液を検査消毒せずに、患者に輸血していた。河南省では、８００ccの血液を80元（２００６年当時は13ドルに相当）で売ったという。

**高医師の調査によって女性患者の感染はレアケースでないことが分かった。**中国の農村ではエイズは「人災」によって日増しに広がっていった。この恐ろしい実態を知った高医師は河南省政府に陳情するが、**省政府の幹部は「エイズ患者はそんなに多いのか。大げさすぎる」といって相手にしなかった。**それでも断念しなかった高医師は国家衛生部に陳情を続けるが、返事すらもらえなかった。

高医師の調査で明らかになったエイズ感染経路は次の通りである。

生活苦に追い込まれた農民が「簡易売血ステーション」で血液を売る。そのステーションでは、検査消毒せずに、同じ型の多くの人の血液を混ぜてしまう。その中から血漿《けっしょう》だけを抽出して、残りの血球に生理食塩水を混ぜ、再び売血者に注射して戻す。血液を戻す目的は売血者が貧血になるのを防ぐためである。

武漢市中南医院のある医師は、155人の売血歴のある農民を検査したところ、96％の農民がエイズに感染していることが分かった。ある調査によれば、中国全国で少なくとも2000万人の農民が血液を売ったことがあるという。

なぜ政府はエイズ蔓延の実態を見て見ぬふりをするのだろうか。

河南省のような内陸の省は経済を支える産業がほとんどなく、農業が大きなウエートを占めている。**地方政府は経済を振興するために、農民による売血を暗に奨励していた。**しかも、「簡易売血ステーション」の設備をきちんと整備しないまま、売血が奨励された。いざ売血のネットワークを通じてエイズが蔓延してしまうと、地方政府は不備が暴露されるのを恐れ、その事実を隠そうとしたのである。

「簡易売血ステーション」の無責任な行動が災害の源だが、地方政府の隠ぺい工作は被害のさらなる拡大をもたらした。

中国・北京市内の国家衛生計画出産委員会前で陳情するエイズウイルス（ＨＩＶ）感染者（写真／時事）

## 器 あきらめなかった高医師

中国には百万人以上の医療関係者がいるが、売血に伴うエイズの蔓延について本当のことを口にしたのはたった４人だけだった。そのうちの３人は地元政府の迫害を受けて口を閉ざした。唯一、あきらめなかったのは高医師だけだった。**高医師によって救われたエイズ孤児は１６４人に上る。**

２００７年、高医師は米国で世界の優れた女性リーダーに贈られるGlobal Leadership Award, Women Changing Our Worldの賞を受賞した。それまでにすでにほかの五つの賞を受賞していたが、政府によって出国することができず、一度も授賞式に参加できなかった。この時は、何とか政府の阻止を突破し、最終的にワシントンに辿り着くことができて授賞式に参加した。

高医師の授賞式への参加に至るその道程は平たんなものではなかった。

地方政府は高医師の出国を阻止しようとして、最終的に高医師の息子まで動員して、母親の高医師の前で土下座をさせた。息子は母親に対して「母さん、私のためにも彼らの要求を受け入れてほしい」と頼んだ。高医師は「息子はかつて（文化大革命の時）私のせいで3年間投獄された。私本人の行動については私が責任を取る。息子とは一切関係はない」という書面を残した。高医師の正義を阻止しようとする地方政府が、息子を動員する行動は甚だしく卑劣なものだった。実は、高医師は文化大革命の時、紅衛兵によって殴られたために、胃をほぼ完全に切除した。息子は母親が「反革命」だったため、わずか13歳の若さで3年間も投獄された。そして、娘も同じく母親との関連で仕事を失ったことがあった。それでも高医師は正義をあきらめることはなかった。

2008年、再度、米国に出国した高医師はしばらく帰国せず米国にとどまることを決めた。その時、国内にいる友人の一人に次のようなことを電子メールで伝えた。「私は中国を離れた。その目的は中国の『血禍』（血液の災い）の真相を世界に知らせるためである。私はいずれ帰ってくる。仮に私が死ぬのなら帰国する飛行機の中だ（必ず中国に戻る）」。

高医師の友人の上海大学の朱学勤教授（歴史学）は高医師の著作『私のエイズ防止の道程』の前書きで「私はこの本の前書きをもってノーベル平和賞評議委員会に高耀潔という13億人の血液を守る闘士を推薦する」と記した。

政府の幹部には最低限の人間らしさもないのだろうか。売血によってエイズが蔓延したのが明らかにされたのは２００６年ごろだったが、当時の首相は温家宝だった。温家宝首相はこのことについてまったく知らなかったのだろうか。温家宝首相は農村、農民、農業、俗にいう「三農」問題の専門家といつも自負していた。農民は生活のために、そして、子供を学校に行かせるために、自らの血液を売らなければならない。これについて温家宝首相にはまったく責任がなかったのだろうか。

中国では、１９９８年に「献血法」が制定施行された。しかし、世界保健機関（ＷＨＯ）の調べによれば、２０１１年、中国では献血したことのある人は総人口のわずか１％にも満たない。従って多くの病院では血液が足りない。血液が足りないことで一部の悪質な病院は献血された血液を他の病院に有償で転売し利益を上げている。

また、一部の地方では、政府は血液不足の問題を解決するために、４０００ccの献血をすれば、子供が大学受験で優遇されると「公約」する。

**習近平国家主席は「中華民族の復興」を呼び掛けているが、まず、中国人の血液を清潔に保つことが先決である。**

# 第6章 中国人の建前と本音

## ――形式主義と「好客」

**多くの日本人は「中国人とどう向き合ったらいいか分からない」と言う。**

私が講演を依頼される時のテーマは「中国および中国人との向き合い方」に関するものが多い。

日本人を含む外国人は、「中国人の行動パターン」を理解できないから戸惑ってしまう。そもそも中国には56の民族が共存し、同じ漢民族でも、地方によって生活習慣が大きく異なる。中国人同士でも互いの行動パターンは十分に理解できるとは限らない。その点で、中国人に「中国人との向き合い方」について尋ねても、きちんとした答えが出てこないかもしれない。

**中国人同士における最大の隔たりは方言の違いである。**

日本語にも方言があり、米国でも南部の人の英語と北部の人の英語は大きく異なる。しかし、中国の方言はその差をはるかに超えるものである。

例えば、私は南京の生まれだが、福建省や広東省に行くと、福建語と広東語はまるで聞き取ることが難しい外国語のようなものである。私だけでなく、南京の人間の多くはわずか300キロしか離れていない上海の方言を聞き取れない。**これは日本で言えば、東京と名古屋くらいの距離が離れると言葉が聞き取れないようなもので、**中国におけるコミュニケーション上の最大の妨げとなっている。

秦の始皇帝は、中国を統一した時、文字や度量衡を統一したが、言葉は統一できなかった。かつて、上海市で行ったインタビュー調査のために、上海市役所に入ったことがあるが、その会議室のテーブルには「請説普通話」（標準語を話してください）というプレートが置かれていた。上海人同士が上海語で話をすると、上海以外の人はまったく聞き取れない。

中国の大学では、時々男子学生同士が集団で喧嘩することがある。というのは、中国の大学の多くは全寮制であり、学生たちが同じ寮で生活するので、ちょっとしたことで喧嘩になるのである。それが広がった場合、同じ方言を話す者同士が集団となり、相手集団と喧嘩する。**同じ方言を話す者同士であれば、暗黙知が高い上、意思の疎通が取りやすいからだ。**

その延長線上にあるのは、**海外華僑の間で作られている「同郷会」である。**彼らのアイデンティティは、中国人という前に、福建人や潮州人（広東の一部）であることにある。

中国人の価値観はどのように形成されているのだろうか。

例えば、台湾は原住民と大陸から移住してきた者から成っているが、いまだに十分に融合できていない。その原因は言葉や風俗習慣の違いにあるだけでなく、**両者の価値観の違いに起因する部分が大きい**。米国人はWho is American? と自分のアイデンティティを常に問い掛けるが、中国人も同様のアイデンティティの問題を抱えている。

社会主義中国が成立してから、地域性を無くすために、各地方のラジオは方言で番組を制作することが禁止された。学校教育でもすべて「普通話」（標準語）を使わなければならなくなった。

しかし、**鄧小平時代に入ってから、経済の自由化とともに、地域性が再び復活する**ようになった。

# 1 中国人の形式主義

## 形式主義が大好きな中国人

**最高実力者だった鄧小平の一番好きな言葉は「実事求是」である。**これはすなわち、事実を明らかにし、それだけをよしとするという意味である。

鄧小平は中国の政治史上、まれなリアリストと言える。

**一般的に共産党幹部も一般の中国人も形式主義的な側面が強い。**現実主義者は中身を重視するが、形式主義者は中身よりも形式を重視する。

しかも、中国人の形式主義者の多くはしきたりなどの形式を重視するというよりも、**形式を重んずることによって見栄を張っている側面がある。**中国人にとって最も怖いのは社会の競争の中で負けることである。他人に負けないように、見栄を張ってまで、自分の強さをアピールするのである。

有名な話だが、同じ高級レストランで会食する中国の金持ちたちは、ウエートレスに隣のテーブルはいくらぐらいの料理を頼んだかを尋ねる。すると、**ウエートレスが「1万元です（約20万円）」と答えると、「では、うちは2万元（40万円）のコースにする」と答える。中国人のこのような見栄っ張りはバブルをもたらす重要な一因となっている。**

礼儀やしきたりなどの形式がまったく不必要であるとまでは言わないが、見栄を張るまでの必要はないと思われる。中国人が見栄を張るほどまでに形式を重んずる背景の一つは、社会の競争の一環として**「形式」が自らの競争力の強さの現れとなっているから**である。

ただし、形式主義を単なる見栄を張る行為とだけ受け止めてはならない。中国人にとって形式主義はその価値観を形成する重要な部分になっている。

日本企業は中国に進出する時に、いつも「中国人が腹の中で何を考えているか分からない」と感じて困っている。

例えば、中国の役所に何か免許を申請しても、明確な回答を得られず、共産党幹部はたいてい「研究してから」と答える。

**中国語における「研究」とは、日本語における「検討」と同じ意味である。**

日本人の考えでは、ルールと規定に則ってイエスならイエス、ノーならノーとはっきり言ってほしいということだろう。**中国人はたいていの場合、即答しない。**

逆に、日本に企業誘致に来る共産党幹部は必ず日本人の経営者に「どんなことでも私に任せてください」と豪語するが、**むろん、任せたら、あとで大変なことになる。**

1998年、広東省国際信託投資公司（GITIC）という巨大な国有金融会社が経営破綻した。この会社には多くの日本の金融機関が多額の融資を行っていた。その債務を回収するために、日本の銀行団の代表は当時、朱鎔基首相に面会し、何とかしてほしいと嘆願した。

それに対して、朱鎔基首相は「GITICは国有企業ではあるが、今は、政府機能と企業機能を分離したので、政府は企業の債務を肩代わりすることができない」と言って逃げた。

しかし、GITICは日本の銀行などから資金を調達した際、「GITICは国有企業なので、何かあったら、国が助けてくれる」と言って日本の金融機関関係者を安心させたのだ。GITICが倒産した後、多くの日本の金融機関関係者は「中国で誰の話を信じたらいいか分からない」と嘆いていた。**おそらくこの設問に対する唯一正しい答えは「誰の話も信じない方がいい」だと思われる。**

### 中国人に「大人《ターレン》」がいるか

日本人は**教養があって品位もある中国人、特に中国共産党幹部のことを「大人《ターレン／たいじん》」と呼んでいる。**

その典型例は周恩来であろう。

一般的に中国人が外国人に悪い印象を残すのは傲慢《ごうまん》ないし強引なところである。実は、**傲慢さと強引さは中国の政治、官僚世界の文化である。**腰が低く親しみやすい者は偉くなれない。ただし、外国人に会う時に、親しみやすさを演じるのはよくあることである。

中国の政治史研究者によれば、周恩来は何重もの人格の持ち主だったという。毛沢東の前で、周恩来はまるで犬のように振る舞った。大衆の前では、とことんまで親しみやすさを演じた。毛沢東に嫌われた同志に対しては、まるで氷のような冷たい態度で接した。

中国に本当の「大人」がいるかどうか分からないが、仮にいたとしても、多くはないはずである。かつての王朝時代、庶民が役人のことを「大人」と呼んでいたのである。従って、今の中国では、「大人」という言い方はあまりされない。おそらく、日本人が使う大人は「中国的紳士」という意味だろう。

日本人が中国の「大人」に魅了されやすいのは、日本人と中国人の世界観の違いと関係する。

日本人は物事の見方においてミクロなレベルにまず着眼する。日本庭園などは「小宇宙」のようで完成されていて美しい。それに対して、中国人はマクロに着眼する。スケールが大きい山に登るように大きな構えの風格に着眼する。木を見ないでまず森を見る人を思わず尊敬してしまうことがあるということだ。

中国に魅力のある者がいないわけではない。特に、中国の政治は常に死活問題であるため、厳しい競争に勝ち抜いた政治指導者はみな、それなりに魅力を持っている。この点は日本の政治家とまるで違う。**日本の政治家は戦いといっても、死活問題ではないためか、**

**真剣さが見られない。**日本の政治家と直接接しても軽さが目立つことが多い。

中国の政治指導者と接する時は、その風貌や勢いに圧倒されないように気をつけることが大切である。

かつて、上海市政府で市長と会見したことがあるが、**わずか数人の小さい会合だったのに、巨大な会議室で会見をすることとなり、話をするのにもわざわざマイクを使わざるを得なかった。こうして相手を圧倒するのである。**

個人的に北京の人民大会堂が好きではないので、幸いにも一度も行ったことがないが、おそらくあの場所も巨大さで来訪者を圧倒するのだろう。

ずいぶん前のことだが、東京の居酒屋で中国共産党幹部を接待したことがある。小さいブースに6人が座り、ギューーギューー詰めだった。**その時、接待を受けた共産党幹部は相当なカルチャーショックを受けたようだった。**

このような形式の違いは悪いことではなく、相互理解を深めることが重要である。

形式主義では、もう一つ思い出すことがある。私は中国を訪問すると、時々パトカーに先導される特別な車に乗せられることがある。その車が走っていると、すべての交通信号は必ず赤から青に変えられる。これはいわば共産党の特権である。多くの人は中国でこうした特権を経験することが好きなようだが、個人的にはいつも嫌な思いしか残らない。**なぜならば、パトカーに先導される車に乗っているのは、犯罪者が多いからである。**

また、せっかく出張に行くのだから、できるだけ行き先の市民と同じ目線で人々の生活をゆっくり観察したい。パトカーに先導されると、あっと言う間にホテルや会議の会場に着いてしまう。これでは何も分からない。

しかも、**中国で会議に参加すると、中身のある話は少なく、形式主義的なことがほとんどである。**従って、等身大の中国を知りたいならば、自分でバスや地下鉄に乗って現地の住民と同じ目線で人々の生活を観察すべきである。

## 2 中国人の「好客」

### 「熱烈歓迎」の罠

外国人は中国を訪問する時、必ず熱烈歓迎の洗礼を受ける。

私が小学生の時（1970年代）、アルバニアの大統領やカンボジアのシアヌーク国王が南京視察に訪れるたびに、クラスの一番かわいい女子が決まって駆り出され、空港に連れて行かれ、きれいに化粧して、外国の賓客を熱烈歓迎していた。

おそらく歓迎される方はその場の雰囲気を楽しみ満足するだろう。**この熱烈歓迎ぶりは中国語では「好客」といって、客を好むことだから、日本語で言えば、「おもてなし」ということになろう。**

一般的に、中国人が「好客」であることは間違いないことである。日本で最も有名な漢文の一つは、**「朋有り遠方より来たる、亦た楽しからずや」**だろう。**この言葉こそ中国人**

**の客との接し方を表すものと言える。**

特に、日本人は人に対して親切だが、遠からず近すぎずの距離を保つようにするので、中国人の熱烈歓迎ぶりには圧倒されるに違いない。日本人はどんな賓客が訪問に来ても、熱烈歓迎ではなく、適切な距離感を保ちながら「おもてなし」をするのが一般的である。

ところで日本には中国の熱烈歓迎の「犠牲者」が少なくない。日中国交回復の立役者の田中角栄元首相が中国で「乾杯の洗礼」を受けたことは有名な話である。往々にして中国人の熱烈歓迎は客に喜んでもらうためのもてなしだが、行き過ぎることが多い。これは中国の伝統と風俗習慣によるところが大きい。

中国人は田舎に里帰りすると、田舎の人々は都会から帰ってきた同胞に喜んでもらうために、とことんまでご馳走したり酒を飲ませたりする。**この考え方は、自分たちが普段めったに食べられないご馳走を客に食べさせることで、その真心を示すというものである。**

しかし、時代は変わった。今、都会の人が里帰りするのは単なる飲食や宴会をするためではなく、ふるさとの記憶をよみがえらせ、それを懐かしく思い出し、昔の記憶を楽しむためである。変わらないのは農村の人たちである。とことんまで飲み食いを勧める習慣が今も残っている。中国人の熱烈歓迎はまさにこの「とことんまで飲ませよう食わせよう」の好意から来ている。

かつて、英国の大学へ短期留学した時のことだが、ある日、「今晩はパーティーをする」と友人に言われ、ご馳走が出るのだろうと期待して、その夜はホームステイしていた家に帰らないことにした。

パーティー会場に行ってびっくりした。飲み物とポテトチップスしかなかったのだ。英国人が「パーティー」と言った時は飲み食いをすることではなく、コミュニケーションを意味すると後から知った。**文化の違いはここまで大きいものかと、その時はとても驚いた。**

## 日中友好の真実

1972年に中国の外交は大きく転換した。

日本と日本人を侵略者として扱うのではなく、日中友好が中国のアジア外交の主旋律になった。多くの中国人民はそれまで抗日戦争の映画を見て日本について反感を持っていたが、唐突に日中友好へと方針転換され、戸惑いを感じたに違いない。
ただし**若者は日本人について恨みがあるわけではなかったので、優れた日本の家電製品に魅了された。この傾向は今も続いている。**

今から振り返れば、日本が中国との国交回復へと方針転換したのは米国に背中を押されたからであろう。そして、中国が日本にアプローチしたのは外交的に孤立するのを避けたかったからである。

１９７０年代、中ソ関係はかつてないほど悪化していた。**中国は米国と国交正常化すれば、国際社会における中国の立ち位置は有利になる。日米は同盟関係にあるため、米中関係の改善はおのずと日中関係の改善を意味する。**

しかし、その後の日中関係は「日中友好」という大義に押され、かつての戦争の負の遺産を十分に清算しないまま、友好のムードに包まれながら、前進するようになった。

１９８０年代、日本人音楽家は「日中友好音頭」まで作り、まるで戦争などなかったようであった。日中は完全に和解したと「誤解」された。

周恩来と鄧小平は日中友好関係を構築した立役者だったが、大きな負の遺産を残したのも事実である。

彼らは１９７０年代と80年代の政治外交上の必要性から戦略的なあいまいさを持って日中関係を処理した。**「処理した」というのは戦争をめぐる対立を回避し、友好関係を構築したことである。**

**それに拍車を掛けたのは中国の熱烈歓迎の文化だった。**当時、日本の訪中団に参加した多くの日本人は中国人の熱烈歓迎ぶりに圧倒された。それで、日本と中国人はもう二度といさかいを起こしたりはしないと多くの日本人は確信したはずだった。

確かに、１９８０年代の中国人は謙虚な気持ちを持って日本人と接した。**中国は近代化を目指していたが、その点で、日本は中国の模範だった。当時、共産党の上層部においても、鄧小平、胡耀邦、趙紫陽などの指導者はいずれも日本を敵視していなかった。**

それよりも、中国の「改革・開放」を推進する上で、日本の協力が必要だった。日本政府は戦争賠償に代わり、中国政府に対して無償援助と円借款をもって中国に貴重な外貨資金を提供した。そして、日本の大企業は中国に進出し、中国国有企業に技術を移転した。さらに、日本の民間団体は毎年多くの訪中団を派遣し、日中友好のための交流を催した。

日中双方のキーパーソンの多くは日中関係がこのまま友好的に発展していくと「誤解」していた。**１９８０年代、中国政府の政治外交において最重要課題は台湾問題だった。**従って、中国政府は日本政府に対して台湾の影響を受けることがないように強く求めた。

今となっては多くの人は忘れたかもしれないが、１９８０年代半ばごろ、「光華寮事件*」という事件があった。これは京都にある留学生寮の所有権をめぐる中国（大陸）と台湾の

*光華寮事件：「光華寮」とは、第2次世界大戦が終わる前の１９４５年ごろに日本政府が京都市左京区にある物件を借り受け、中国人留学生のための宿舎とし京都大学が管理していた学生用宿舎のこと。終戦後も中国人留学生が暮らしており、１９５０年に中華民国（台湾）駐日代表団が所有者から土地家屋を一括購入した。その後、１９６７年に土地家屋の明け渡しを中華民国が学生たちに求めた裁判。訴訟係属中に日本が中華人民共和国（北京）を認めたため、中華民国が持っていた土地家屋は移転するのかが争われ最高裁まで持ち込まれた。１９８０年代半ば以降、日中で深刻な外交問題となった。

対立が外交問題に発展した事件だった。

理屈からすれば、台湾が中国の一部分だと考えれば、中国としては光華寮は台湾が所有するものでも問題なかったはずである。

日中関係は決して「日中友好」というキャッチフレーズだけで簡単にまとめられるものではなく歴史を背景にした複雑なものである。

## 3 信じてよい中国人と信じてはいけない中国人

### 信用できない「人脈」

中国人コンサルタントなどに日本企業の対中投資戦略について相談すると、**決まって「中国に投資するならば、人脈が一番重要」と強調する。**

これは表現としては間違っていないが、それを鵜呑みにしてはならない。

日本の企業経営者にとって、中国という知らない大国へ進出する場合、助けてくれる人がいた方がいいに決まっている。**しかし、人脈を過信しそれに頼りすぎないように気をつ**

**けなければならない**。何よりも、人脈がフリーランチ（ただ飯）ではないことを銘記しておくべきである。

これまでの30年間ほどを振り返れば、中国の人脈を信じて中国に進出し、失敗した企業は1社、2社ではないはずである。少なくとも、たとえ頼りになれる人脈がいるとしても、**それを生かす戦略を持っていなければならない**。そして、日本企業に近づいてくる人脈には少し時間をかけて信用できるかどうかをしっかりと調べるべきであろう。

**日本人は人を信じるまでには時間がかかるが、いったん信用すればとことん信じてしまう傾向がある**。当たり前のことだが、ある人を信じたとしても、企業経営の基本は「ガバナンス」である。ガバナンスとはコントロールすることである。**日本の大企業は往々にしてガバナンスが弱い**。ガバナンスが機能する前提は、経営判断の責任を明らかにすることである。日本の大企業は経営責任の所在があいまいな場合が多い。

誰が信用できるか、あるいは信用できないかについて一つの判断基準を提示することはできないが、**少なくとも能力のない人の話は信用しない方がよいだろう。**そして、自分に迎合的に話してくる人のことを信用すべきではない。

そもそも中国人同士は何を持って相手を信じる、または信じないのだろうか。**中国では、「大話」（大きい話）と「空話」（意味のない話）をする人は信用されない。往々にして政府幹部は大きい話と意味のない話をしがちである。**

今の中国社会は信用の危機に直面している。人々は互いに信用しなくなった。政府の言っていることも信用されなくなった。毛沢東時代、密告行為が奨励されていたため、親子や夫婦も互いに密告したりした。その結果、今や信用が崩れてしまった。

## 問われる中国社会の「責任」

社会において信用が崩れてしまう恐ろしさは、いかなる危機が起こることよりも深刻である。底割れの状態に陥った社会は安定しない。

北京で仕事をする、ある日本人の友人が腹痛をおこし（後に盲腸炎と分かる）、病院に駆け付けたところ、受付窓口で、「５０００元（日本円で約10万円）を保証金として提出しなければ、受付できない」と言われた。病院や医者は人命を救う場所や人であるはずだが、カネを払わなければ救わないというのは信じられないことだ。

また、だいぶ前のことだが、北京の川で溺れたお婆さんを通行人がみんな傍観していただけという事件があった。その時、一人の青年が「お婆さん、助けてあげてもいいが、いくらくれる?」と聞いた。**最後まで誰もこのお婆さんを助けず、結局、お婆さんは溺れて死んでしまった。**

さらに、数年前、広東省のある町で細い路地で遊んでいた小学校就学前の子供が、1台の通りかかった車にはねられ、その車はそのまま去ってしまった事件があった。さらに信じられないことにその後、**数台の車がそこを通りかかり、いずれの車もその子供をはねたまま去ってしまった。**どうしてこの運転手たちはこの子供を助けようとしなかったのだろうか。

今、「コンプライアンス」という言葉が広く知られてきているが、それは企業の社会責任のことを指すことが多い。

中国社会では、企業の社会責任はもとより、一人ひとりの個人の社会責任も問われている。ここで挙げた事例のいずれもが社会責任を果たさない行為だった。人々が自らの社会責任を果たさなければ、その社会の「底線」は当然守られない。

こんな例もある。

中国水泳ナショナルチームの元選手が、スポーツ界の内実を暴露した。中国では、オリンピックで金メダルを取った場合、国から50万元（約1000万円）の賞金が支給される。「全国運動会」（国体）で金メダルをとったら、30万元（約600万円）が支給される。

実は、**各地方の体育委員会は五輪の金メダルよりも、国体の金メダルを欲しがる。**なぜならば、国体でより多くの金メダルを取れれば、、翌年から、**国からより多くの予算が配分され、体育委員会の主任も出世するからである。**

そうなると、地方の体育委員会はあの手この手で金メダルを手に入れようとする。

中には不正を働く者も出てくる。例えば、競合相手の選手のコップにひそかにホルモン剤を盛ったりして、ドーピング違反に引っかかるようにするなどの手口である。

この話を暴露した元選手は、人に出されたコップの中の飲み物は絶対に口にしないと話した。ミネラルウォーターでも、栓をあけて一口飲んでトイレに行くなど席を立ったら、戻ってきてからは、絶対に残りの水を口にすることはしないと言う。

日本では、２０１１年3月11日の東日本大震災以降、「安心・安全な社会づくり」が政治家や有識者が必ず触れる事柄になっている。国民も確かに安心・安全な社会を心から望んでいる。それに対して、**中国社会では、安心・安全は一番のぜいたく品になっている。**

胡錦濤政権では、**「和諧社会」（調和のとれた社会）**づくりが国是として掲げられた。調和の取れた社会の基本的条件は、安心・安全を実現することであろう。

では、なぜ中国社会の「底線」が破られたのだろうか。

この問題に答えるのは決して簡単なことではないが、一つの解答は、政府・共産党が長年国民に対して「政治説教」を繰り返してきたが、**共産党指導部自らが約束を守らないことが多かったからである。**

例えば、中国外交部スポークスマンは記者会見で「歴史を忘れてはならない。歴史に直面しなければならない」といつも繰り返すが、**中国国内では、天安門事件という歴史に直**

**面せず、いまだにタブーになっている。**

また、社会主義の学校教育では、基本的に無神論が唱えられている。考えてみれば、13億6000万人の中国人が全員無神論者になっているということほど恐ろしいことはない。無神論というのは、神様が存在せず、誰も見ていなければ、どんな悪いことでもやっていいという考え方である。

結論を言えば、中国社会での信用を取り戻すには、**まず政府が信じられる存在にならなければならない。**

## 4 中国人の本音をどう聞き分けるか

### 「叱る文化」と「媚びる文化」

日本人は世界で最も上手に本音と建て前を使い分ける国民だと思われる。

私のような外国人は日本に留学すると、決まって「日本語、上手ですね」と褒められる。

しかし、**日本人に「日本語が上手ですね」と褒められている間は、日本語はまだ十分に上**

**手ではない。**日本人に褒められなくなると、日本語が本当に上手になったと言える。言い換えれば、「日本語が上手ですね」は日本人の建て前である。

中国人は日本人ほど人を褒めない。**日本が「褒めの文化」だとすれば、中国はどちらかといえば、「叱る文化」である。あまりにも叱るため、中国では「媚《こ》びる文化」も発達している。**

昔から中国人は目上の人に対して媚びる習慣がある。しかし、迎合的に媚びているだけで、そこには忠誠心は全くない。目上の人に対して媚びているのではなく、**その人が握っている権力と利権に媚びているだけである。**

知識人はこうした媚びる文化をよしとしないので、自らの理想を「竹」にたとえる。竹はいかなる状況下においてもまっすぐに成長する。決して腰折れしない。

それに対して、王と役人は自らを「竹」にたとえる知識人のことを「中身の無い者」とののしる。竹は空洞だから中身がない。

毛沢東は自分への個人崇拝を進めるために、共産党幹部はもとより、人民にも忠誠心を誓うよう求めた。それでも毛沢東は側近の幹部がどんなに忠誠心を誓っても、決して信用しなかった。周恩来以外の、ほぼすべての側近を迫害し、大半は殺されてしまった。毛沢東にとって「恐怖政治」は唯一安心できる政治なのである。周恩来も何回も毛沢東に殺されそうになったが、その都度、毛への崇拝を誓い、命をつないだ。

日本語には「良薬は口に苦し」という言葉があるが、その語源は中国語である。しかし、よほどの病気でもなければ、誰も自ら苦い薬を口にしたくはないものである。

同じように、王は自らに対する批判を聞きたくないものだ。毛沢東時代、「百家争鳴」というキャンペーンが繰り広げられた。政府と異なる意見を述べても問題はないと、政府への批判が奨励されたのである。多くの知識人は毛にだまされ、共産党独裁を批判した。しかし、これらの知識人の多くは後に迫害された。最近の研究によれば、この「百家争鳴」の反右派運動だけで最低でも50～60万人の右派（知識人と幹部）が犠牲になったと言われている。

**知識人たちは毛沢東の建前を本音と勘違いしてしまったから、命を落としてしまったの**

である。

## ▦基本は性悪説の社会

**中国の年配の人は、「世間は信ずるよりも疑え」と言う。これは本音である。**

日本人同士が付き合う時には、暗黙の距離感が常に保たれる。仲が良すぎると、遅かれ早かれ必ず対立する。中国人同士の付き合いにおいてその距離感は難しい。**熱烈歓迎されたら、その距離はゼロに近いが、それはあくまでも「錯覚」である。**ゼロの距離を演出しないといけない場面もあるが、心の中で適切な距離を保つことが重要である。

肝に銘じておくべきことは、中国人社会の基本は性悪説の社会であるということである。「おそらく悪いことはしないだろう」という日本の社会とは違って、誰かに監視されていなければ、「おそらく悪いことをするだろう」というのが中国社会の常と言える。

映画やドラマの中で、「お前を信じたのに、なぜ俺を裏切るのか」というせりふがよく出てくる。本当は、相手を信じたからといって裏切られないという保障はない。特に、性悪説の社会では、相手を信じても、裏切られないような心構えを持っていくことが重要である。日本の文化には、「人を疑ってはならない」というものがある。**中国の文化では人を疑うのは当然である。**それは意識的に疑うこともあれば、無意識的に疑うこともある。社会常識に照らしてみれば、こんなことはあり得ないということもまず疑う方がいい。

筆者が小さいころ、大人たちの会話の中で、「毛沢東に誓って、俺は嘘を言っていない」という言い方が多かった。毛沢東時代の中国人にとって、毛沢東は「神様」だった。ただし、毛沢東のプロパガンダにはキリスト教における聖書ほど人々を魅了する力はない。中国人で毛沢東のプロパガンダを信じるものは皆無であろう。

現在の中国でも毛沢東を信奉する年配者が一部において存在するが、彼らは毛沢東時代を擁護しているのではなく、**その真意は今の格差社会に対する不満である。**

問題は、毛沢東のプロパガンダに代わるものが存在しないことである。

中国社会は基本的に信仰のない社会である。信仰の危機はすなわち信用の危機である。

# 第7章 中国人の歴史観

## ――書かれざる歴史、捏造される歴史

**「歴史の事実」は客観的な性質を持つものであり、それはねじ曲げられてはならないも**のである。それに対し、「歴史観」は特定の人が持つ、歴史的事実に関する見方であり、主観的なものである。

むろん、歴史的事実を調査し、その調査を踏まえ、歴史的事件をどのように評価するかは客観的なものであるはずはなく、そこには見る者の価値判断が必ず入る。

例えば、**日本でも人気の高い「三国志」の主役、劉備、曹操と孫権をそれぞれどのように評価するかは中国史における一大論争である。**劉備は漢王朝の末裔《まつえい》として王としての正統性が認められるだろう。それに対して、曹操は血統的に異なるため、王としては認められないとされている。漢王朝を基に考えれば、それは一つの見方として意味があるが、長い目で見れば、正統か正統でないかは別の考え方もあり得る。曹操も最初から完全に否定される存在ではないはずである。

歴史的事件に関する人々の記憶は、時間が経つにつれ、あいまいになることが多い。往々にして都合の良い部分と都合の悪い部分は分けられ、都合の悪い部分は次第にあいまいになっていく。自分にとって都合の悪い歴史については忘れたいし、言及したくないものだ。

　歴史家もまた、ある歴史を記述する時、「客観性を追求する」と言いながらも、主観的な価値判断を交えて歴史を振り返ることが多い。

**中国では、歴史学は古代から国家の存亡と王朝の交替に関わるものと認識されてきた。**歴史を研究する目的は、歴史を鑑《かがみ》にして王朝を永久に存続させていくことであり、そのための学問と位置付けられている。

　現存の中国の歴史書の中で最も古い記録の一つは漢の時代の司馬遷が著した『史記』である。本来なら歴史家は同じ時代の皇帝について論評するのを避けるはずだが、司馬遷は同時代の漢の武帝（前漢7代目皇帝）について「武帝本紀」で記した。しかも、**武帝に媚びることなく批評的に書いた。これは司馬遷の偉大なところと言える。**

　司馬遷は歴史家の鑑だが、普通の歴史家ができないことを司馬遷がやり遂げたからこそ、その名が歴史に残っている。同時に、漢の武帝は自分が批判されても、司馬遷を殺さなかった。歴史に名の残る明君と称されるゆえんである。

しかし、この**司馬遷と漢の武帝のケースは中国の数千年の歴史の中でごくまれな事例である**。歴代皇帝や王は、漢の武帝ほど寛容的ではなく、歴史家も命を賭けて権力に挑戦することなく、皇帝に迎合して歴史を編纂《へんさん》してきた。**中国では一般的に歴史書の信憑《しんぴょう》性は文学作品以下と見られている**。

## 1 信頼できない「官史」

### 「官史」と「野史」

一般的に歴史を歪曲《わいきょく》しがちなのは政治家だと言われるが、実際に歴史を一番ねじ曲げているのは歴史学者である。

中国社会科学院米国研究所の元所長資中筠氏は、**中国には「官史」と「野史」があり、最も信頼できないのは「官史」であると述べている**。「官史」とは政府・王朝が雇った歴史家が記した歴史のことである。すなわち、「官史」は政府の公式見解である。

それに対して、「野史」は民間の歴史家が記したものであり、政府によって認定されていないものである。

アカデミズムにおいて「官史」は歴史学の主流であるが、「野史」は脇道に入ったものと位置付けられている。しかし、「野史」に記録されている歴史の枝葉の部分は別として、記述そのものについては「官史」より真実に近いものが少なくない。

歴史をできるだけ真実に近づけるのは理想である。そのためには、歴史を記す歴史家の独立性を担保する必要がある。

古代中国では、王朝に歴史を記す専門の官僚「史官」が設置されていた。少なくとも唐の時代以前において、これら史官の独立性を担保するために、皇帝は自らに関する史官の記述を見ることができない決まりになっていたと言われている。その結果、史官が同時代の皇帝を批判的に記す記述が残されている。**このような文脈から推察すると、もしかすると、漢の武帝は司馬遷が記した「武帝本紀」を見ていなかったのかもしれない。**

## 器 皇帝に媚びる史官たち

歴史家の独立性を最初に壊したのは唐の太宗（唐の2代目皇帝）の時だったと言われて

いる。太宗は「貞観の治」を治めた明君と称されている。

しかし、太宗はどうしても史官らが自分のことをどのように記しているかを知りたくて、見てしまったと言う。

この掟《おきて》が破られた後、**史官たちは皇帝に殺されるのを恐れ、皇帝に媚《こ》びて迎合的に歴史を記すようになった**。従って、唐の時代以降の歴史は信憑性がそれほど高くないと推察される。

皇帝たちは死後、自分がどのように評価されるかを気にして、生前、自分を美化するよう史官らに強要する。史官たちは殺されるのを恐れ、皇帝を美化し、その業績を過大評価し、皇帝の過ちについてできるだけ記さない。

**それ故に、中国の「官史」では、皇帝はまるで人間ではなく、神様のような存在となった**。これが現在残されている「官史」である。

同じ唐の時代の則天武后は女帝としてとても残虐だったと言われている。西安郊外に則天武后の墓があるが、その墓の石碑には彼女に関する記述が一文字も刻まれていない。彼女は史官たちに自らの碑銘を書かせなかった。自分の碑銘は、後世に任せるように生前に指示したと言われている。歴史的人物に対する評価は難しい。

## 今に至る「官史」のＤＮＡ

数年前、私の故郷、南京に帰郷した時、日本人の学者たちと一緒に南京大虐殺記念館を見学に行った。そこでも、中国の「官史」のＤＮＡを確認することができた。

抗日戦争を指揮した蒋介石と毛沢東をたたえるコーナーがあったのだが、**毛沢東の写真は蒋介石の写真よりもかなり大きいサイズだった。ここには展示した側の意図が見え隠れしている。**中国の歴史教科書では、蒋介石は日本に協力し、抗日戦争にほとんど参加しなかった売国奴のように描写されている。「抗日戦争の勝利はすべて毛沢東と共産党のおかげ」というわけだ。

展示コーナーでふと思い出したのは、文化大革命の時、共産党の偉大さを謳歌する「宣伝画」のすべてにおいて、毛沢東は必ずその周りの人民より大きく描かれていたことだった。当時、こういった「宣伝画」を見た時は、そのことをまったく意識しなかったが、今、あの「宣伝画」を振り返って思い起こせば、意図的に大きく描かれていたことが分かる。

近現代史をねじ曲げる「官史」にとって、歴史を歪曲することは簡単な作業ではない。近現代史の生き証人が存命である上、物証もたくさん残っている。指導者は自らを神格化したいかもしれないが、完璧な偶像を作り上げることは難しい。専制政治は人民に対して洗脳しようとする。「官史」は人民の洗脳において役に立っている。

## 2 書かれざる歴史

### ■あらゆることには表と裏がある

秦の始皇帝は歴史上、冷酷な暴君とされている。しかし毛沢東時代の中国では、秦の始皇帝は中国を統一した皇帝として高く評価されていた。

1949年、社会主義中国が建国されたが、そのことを中国共産党が「革命」と表現しているのに対して、共産党軍に負けて台湾に逃げた蔣介石の国民党は「反乱」と性格付けている。**あらゆることにはコインの両面のように表と裏がある。**

歴史的人物と事件についても、同じことが言える。

近代以降の中国では、歴史は為政者が世論を操作し、国民を洗脳するための「宣伝の道具」と化している。近代の為政者も皇帝たちと同じように、史官に自らを美化する記述を強要する。唐以来の歴史の中で史官たちはこのような迎合文化を身に付け、権力に媚びることに抵抗しなくなった。

**むろん、すべての人が官史を鵜呑みするわけではない。歴史の真実を知りたい者は大多数を占める。**今、中国では、社会主義中国が成立する前の民国時代の歴史研究が盛んになり一大ブームとなっている。それに対して、『人民日報』は「『民国の熱』は危険だ」と警鐘を鳴らした。なぜ民国時代の歴史を研究することは危険なのだろうか。

民国時代は共産党の草創期に当たる。この時の歴史について、共産党の「史官」たちは共産党と毛沢東を美化する記述を歴史教科書などに盛り込んでいる。**この美化された歴史の真実を暴くことは共産党の存亡を左右する可能性がある。**

歴史をねじ曲げる一番簡単な方法は歴史的人物と事件を白黒と単純に二分化することである。その二分化の過程で、意図的にグレーな領域を黒か白にすることができる。その結果、歴史は真実と大きくかけ離れたものになってしまう。

**1989年に起きた天安門事件はその一例である。中国の「官史」は、あれは国家の転覆を狙った動乱だったと結論づけている。**当時、１カ月以上、北京の中心部の天安門広場を占拠した学生運動は、首都北京の秩序の乱れを多少もたらしたのかもしれないが、共産党の統治を転覆させることが目的ではなかった。

**小さいマイナス部分を拡大解釈して動乱と結論づけるやり方は歴代の「官史」と同じである。**

なぜ学生たちが天安門広場を占拠したのか、その理由について、「官史」は意図的に記述することを避けている。今でも共産党はこの動乱の評価を変えていない。

2014年に香港で起きた学生運動についても『人民日報』の社説は「動乱」と位置づけている。幸いにそれはまだ共産党の公式見解になっていないが。

## 器歴史を美化する工作

指導者は自らの権力基盤を固めるために、「史官」に自分を美化するよう強要するが、それでも心配が残る。**その心配とは自分が死んだ後、どのように評価されるかである。**共産党指導者はみんな則天武后のように墓の石碑に碑銘を書かせないのだろうか。否、自分の子孫のことを考えて少しでも自分の言動を美化したいはずだ。

**実は、天安門事件を鎮圧した当事者たちは自分を美化する「工作」をすでに始めている。**

少し前に、李鵬首相（当時）は香港で『李鵬日記』を出版した。*その中で「天安門事件の鎮圧は党の正しい決断だが、私が指示したものではない」と書いている。その指示が正しいものであるとするならば、なぜ当事者の李鵬本人は自らの業績として認めようとしないのだろうか。

もう一人は天安門事件当時の北京市長、陳希同（事件後、権力闘争に負け、腐敗の容疑で投獄）である。香港で回顧録を出版し、同じく学生の鎮圧は自分とは関係がないと強調した。当時、誰の指示で軍が学生に発砲したのだろうか。党の決断が正しかったならば、その功労者が「表彰」されるべきである。

**歴史学ほど難しい学問はない。また、歴史学ほど危険な学問もない。**そして、歴史学ほど人の人格を曲げてしまう学問はない。

**学者や研究者の資格はその独立自尊の人格にある。**しかし、中国の歴史学者は独立自尊の人格をもって「歴史の真実」を暴くと、自らの危険に直面する。反対に、権力者に迎合し歴史の真実をねじ曲げると、自らの人格も曲がってしまう。このことは過去の大戦を研究する日本の歴史家にとっても他山の石となろう。

＊『李鵬日記』は出版直前に北京政府の圧力によって差し止められた。その後、版権を持っていない小さな出版社が『李鵬日記』の海賊版を出版した

# 3 間違いだらけの中国近現代史

## ▩ 知られざる毛沢東の実像

毛沢東と共に蔣介石の国民党軍を倒した将軍たちの多くは建国後、毛沢東によって迫害された。

にもかかわらず、毛沢東は現在の中国で依然として偉大なる指導者として掲げられている。しかし、建国後の毛沢東はどう見ても暴君だった。毛沢東はかつて革命に一緒に参加した同志を相次いで迫害しただけでなく、すべての国民を権力闘争に巻き込んだ。

その後、革命の成果はまるで自分のおかげと言わんばかりに振るまった。そして、毛沢東の政治に異議を唱えた知識人の多くを反革命的右派として打倒し、辺鄙な農山村へ追放した。

毛沢東の号令によって英米に追いつくための「大躍進」が展開された。鉄鋼の増産を図るために、全国津々浦々で小規模高炉が建設された。鉄鉱石の不足を補うために、人々は、家にあるフライパンなどすべての鉄製品を溶解させ、鉄の生産量に上積みした。農民まで製鉄に励んだ結果、農業は荒廃した。その結果、1959年から61年まで大規模な飢饉が起きた。

中国の「大躍進政策」（1958～1960）により、土法高炉製造法で鉄づくりに励む農民（写真／中国通信/時事通信フォト）

中国の公式文（官史）では、この3年間は「自然災害」が起きたと記されている。近年の研究では、この3年間の気象記録によれば、特に目立った自然災害（洪水や干ばつ）が起きていなかったことが判明している。**この3年間の大規模飢饉は天災ではなく、人災だったのである。**

全国でいったいどれぐらいの餓死者が出たかについて公式発表はない。最も保守的な推計では、2

000万人以上の餓死者が出たと言われている。

文化大革命で学生たちは毛沢東を護衛するために、「反革命分子たちを打倒する」として全国で大規模な武闘が繰り広げられ、多数の死傷者が出た。毛沢東時代に、全国で病死などの原因による死亡者を除けば、3000万人から4000万人の死者が出たと言われている。これは抗日戦争の時の犠牲者を大きく上回る規模だった。

さらに、毛沢東のプライベートの一面はその主治医だった李志綏医師の回顧録の中から垣間見ることができる。政治指導者の政治をそのプライベートの生活をもって評価すべきではないが、毛沢東は人民の前で見せる神聖な一面とは裏腹に、実際はヒトラーやスターリンに負けないほどの暴君だった。この結論は中国の「官史」では認められていないが、リベラルな歴史家たちがすでに明らかにしている事実である。

**問題は、中国でかなりの人が徹底的に洗脳されているため、公の場で毛沢東を批判することには相当な危険が伴うことである。**

中国のリベラルな研究者で最も有名なのは茅于軾氏だが、彼のウェブサイト（http://blog.sina.com.cn/maoyushi）で「我々は毛沢東を神から普通の人間に戻すべき」との論文を発表したところ、毛沢東を批判したということで、われわれの想像を超えるような個人攻撃がインターネット上で茅氏に対して行われたり、裁判にかけるべきだとして何万人もの署名が集められたりした。

茅氏は自分の家族が文化大革命の時に卑劣な迫害を受けたため、洗脳されず、毛沢東のことを冷静に見ている。中国人の愚かさを是正しなければ、中国は真の大国にはなれない。

## 朝鮮戦争と中越戦争の真実

中国の歴史教科書では、朝鮮戦争（１９５０～53年）は「南朝鮮による北朝鮮への侵略によって起きた」と記されている。そのため、**多くの中国人は、朝鮮戦争は中国軍が同盟国の北朝鮮を助けるための戦争だったと信じている。**

**しかし、真実はまったく逆だった。**

北京大学の沈志華教授（国際関係史）の研究によれば、朝鮮戦争は金日成が率先して南朝鮮を侵略したため、韓国軍と国連軍が反撃し、それに対して、中国はスターリンに促され、慌てて参戦したものだった。中国人の歴史家は入手可能な公文書を基に朝鮮戦争の真実を突き止めたが、いまだに歴史教科書の記述は改められていない。

冷静に考えれば、金日成はスターリンの容認を得られなければ、南朝鮮（韓国）を侵略することはできなかったはずである。

なぜスターリンは北朝鮮の暴挙を認め、自ら参戦せず、中国に参戦を促したのだろうか。

一つの可能性として考えられるのは、ソ連は米国との直接対決を避けたかったということである。米国も朝鮮戦争に参戦したが、それは国連軍の大義名分の下での参戦だった。

**当時の中国国内経済の実情を考えれば、中国は朝鮮戦争に参戦すべきではなかった。**

毛沢東は国民の付託を受けることなく、勝手に朝鮮戦争への参戦を決めた。毛沢東自らも犠牲を払った。毛沢東は有力な後継者と目されていた息子毛岸英を朝鮮の戦場で失ったのである。ちなみに、毛沢東のもう一人の息子で毛岸英の弟の毛岸青は精神疾患を患っていた。仮に、朝鮮戦争に参戦しなかったら、その息子毛岸英は国家主席を世襲したに違いない。歴史は常に偶然性に満ちた皮肉なものである。

中華人民共和国が成立した後に起きたもう一つの理不尽な戦争は*中越戦争（1979年）だった。

中国では、中越戦争のことを「対ベトナムの自衛反撃の戦争」と結論付けている。

しかし中越戦争は本当に正義の戦争と言えるのだろうか。米国がベトナムから撤兵した後、ベトナムは国内統一を果たし、その勢力はラオスとカンボジアへと広がりを見せた。ベトナムの後ろ盾になっていたのは旧ソ連だった。中国が支援するカンボジアのポル＝ポト政権はベトナム軍に負けてしまい、密林に逃げた。その時、中ソ関係は冷え込んでいた。最高実力者だった鄧小平は「主人」（ソ連）を叩くことができなければ、その「犬」（ベトナム）を叩こうと考えた。これが中越戦争の発端だった。

この戦争の原因となったベトナムによるカンボジア侵略は間違いだった。また、カンボジアも自国民を虐殺すべきではなかった。そして中国はベトナムを叩く口実があったとしても戦争を行う十分な理由は存在しなかった。

しかも、ベトナムを叩いたはずの中国人民解放軍は、必ずしもベトナムに勝利したわけではない。従って、**中国の歴史教科書では、中越戦争のことをできるだけ言及しないようにしている。**こうした戦争の歴史には常に大義名分が問われるものである。

＊中越戦争　１９７８年にカンボジアから逃れてきた反ポル＝ポト派を支援するために、ベトナム軍がプノンペンに侵攻した。それを「懲罰する」として中国がベトナムに仕掛けた戦争。結果的にはベトナム軍に撃退された。

## ■終戦70周年の節目

いかなる国や個人も過去をきちんと清算しなければ、現在もあやふやになってしまう。どこかでけじめをつけなければならない。

２０１５年２月23日、中国の王毅外相は国連総会での演説で、「今年は反ファシズム戦争の勝利と国連創設から70周年に当たる。中国は多大な犠牲に耐え、最終的な勝利のために重要で歴史的な貢献をした。（略）反ファシズム戦争の歴史的事実が明らかになって久しいが、いまだに真実を認めたがらず、歴史の審判を覆そうとしている者がいる」と述べた。**王外相の演説は中国政府の「官史」を代表するものだが、歴史の真実に直面すべきだという呼び掛けはもっともである。**

終戦70周年の節目である２０１５年は、日本と中国の歴史観が改めて問われた。日本の政治家の一部は前任者がすでに中国と韓国に謝罪したので、これ以上、謝る必要はないと主張する。しかし、戦争の負の遺産は完全に清算し処理されたわけではない。何よりも、戦争の被害者の立場に立てば、加害者から1回ないし2回謝られたからそれで済むという話ではない。

**加害者として被害者の心情に配慮すべきである。**

その上で、一部の歴史の事実について多少あいまいな点が存在するかもしれないが、そこは大局に立って戦争の被害者に配慮すべきであり、けんかを売るようなことはすべきではないと考える。

例えば、南京大虐殺で何人殺されたかについて、その人数を争う愚かな論者がいる。戦時下という状況と、当時の中国の戸籍管理もきちんと行われていなかった事実を踏まえれば、中国政府が主張する30万人の犠牲者はあくまでも概数であり、それをもって日本側に賠償を請求するものではない。具体的な犠牲者の人数について争うことにどのような意味があるのだろうか。

また、**過去の戦争責任問題を現在の政治に利用してはならない。**

多くの識者が指摘していることだが、国内問題が行き詰まったからといって、そのことを打開するために、過去の戦争責任問題をむし返し、国民の眼をそらせるようなことをしてはならない。いかなる政治家もむやみにナショナリズムを扇動してはならない。歴史問題は、**歴史学の枠組みの中で解決すべきである。**

過去の大戦について一つ明らかなことは、中国大陸が戦場となって多数の犠牲者が出たことである。しかも、その犠牲者の多くは軍人ではなく、民間人である。
戦争の詳しいことについては歴史家の研究に委ねられるが、問われるのは戦争責任に関する加害者と被害者それぞれの姿勢である。

## 4 未来志向の歴史観とは

### 過去と未来の間

ハンナ・アーレントの著作『過去と未来の間』にあやかって言えば、日中韓3カ国は戦後を歩み出すことができておらず、過去と未来の圧力の狭間に位置し、前へ歩み出そうとしているが、過去の負の力によって引き戻されている、と言えるだろう。

日本の歴史家の一部――ないし大部分かもしれないが――は「戦後の自虐的な歴史観と決別し、『積極的平和主義』の道を堅持すべきだ」と主張する。この一文の中には二つの重要な要素がある。一つは、戦後の日本の歴史観は自虐史観だったということ。もう一つは、これからは「積極的平和主義」の道を歩むべきだということである。

かつての戦争を認識し、戦争の責任について、心から反省することが自虐史観であると総括することが適切かどうかについてはおそらく議論が残るものと思われる。

ただ、こうした論点整理について外国人を巻き込む必要はなく、まず、日本人同士で論点整理を行ってみるべきである。なぜならば、**過去の大戦で日本人も多大な犠牲を払ったからである。日本人にとってあの戦争が本当に正義の戦争だったのかが問われなければならない。**

一方、平和主義の道を歩むことについて誰にもまったく異存はないだろうが、「積極的平和主義」とはどのような道なのだろうか。平和主義の道には、積極的か消極的かの分岐点があるのだろうか。

**単なる平和主義の道を歩むことはだめなのだろうか。**

おそらく「積極的平和主義」を主張する政治家たちは、自衛のための武器を持たない平和主義は実現し得ないと考えているのかもしれない。自衛のための武器という言葉は「集団的自衛権」と置き換えることができる。

日本は主権国家である。普通の国として日本は自衛のために武力（自衛権）を行使する権利を持っている。しかし、今の日本はいろいろな意味において普通の国になっていない。日本にとって過去の問題の清算はまだ終わっていない。

**日本は過去の負の遺産を引きずりつつ未来へ歩み出そうとしているように見える。**

## 器国家と個人と国益

政治家はある「超能力」を持っている。それは国家と国民をいとも簡単に人質として取ってしまえることである。**毛沢東は国民の付託をまったく受けずに、日本の指導者に対して戦争賠償を放棄すると表明した。**

同様に、日本の政治家もいつも「国民の代表として」という言葉を口にしたがる。

一つ不思議な現象として感じていることに、人は普段話をする時、至って平穏だが、いったん「国益」を口にすると、まるで別人格になってしまう者がいることである。

特に、政治家は自分のことを「売国奴」と言われるのを恐れているためか、公の場で国益を語る時に、気持ちが高揚しがちである。国連の人種差別撤廃委員会は日本政府に対してヘイトスピーチ法規制の改善を勧告している。ヘイトスピーチを行う極右勢力は愛国者

反日横断幕や中国国旗を振りかざし、日本の国連安保理常任理事国入りに反対する2005年の反日デモ〔写真右〕、日中国交40年の際に中国・湖南省で起きた2012年の反日デモ〔写真左〕（共にＡＦＰ＝時事）

を演じる。相手の立場に配慮せず極端な主義・主張をする者に国を任せれば、世の中は平和になることはない。

数年前に、中国で大規模な反日デモが起きたことをきっかけに、両国の国民感情は急速に悪化してしまった。現在の日中関係は必ずしもよくはないが、しかし最悪ではない。

かつて毛沢東と一緒に蔣介石軍と戦った長老の陳毅の息子陳小魯氏は、**近年の反日デモを振り返り、あれは中国人のＤＮＡに入っている文化大革命時の「造反有理」のせいだと総括している。**文化大革命の際、高校生たちは集団となって知識人や共産党幹部を迫害した。こうした行為は何の法的手続きも踏まず、他人に危害を加える暴挙である。

中国人の立場に立って言えば、日本の総理大臣と政治家が、戦争責任について反省と謝罪を表明する反面、戦争のA級戦犯を祀る靖国神社を参拝することは心の中で反省していない証拠と受け止めざるを得ない。

日本人の一部からは、日中が国交回復して以来、日本政府は繰り返し反省と謝罪の意を表明してきており、毎回、謝罪と反省を行う必要はないのではないかという言葉が聞かれる。

**双方の考えに相違があるにしても、中国に進出している日系のスーパーや工場が破壊されることは間違っているし、**理解できないことである。

筆者のような研究者にとっては、こうした事件について火に油を注ぐのではなく、相互理解を促していくことが務めである。

## 未来志向の日中関係

悪化している日中関係を脱却するために、未来志向の日中関係の構築が提唱されている。未来志向という言葉は何となく人々にポジティブな印象を与えるが、未来志向の日中関係の定義は必ずしも明らかではない。その言葉の意味から推察すると、過去にとらわれ過ぎないように新たな両国関係を構築するという意味だと思われる。

日中が未来志向の新たな関係を構築するには、戦争の負の遺産を清算しなければならない。それについて日本政府は終戦から70年経過し、戦後の日本は一貫して平和の道を歩んできた、日本は再び軍国主義の道を歩む心配などはないと主張する。

一方の中国は（韓国も同じだが）、戦争の負の遺産の清算はまだ終わっていないと主張する。この点は日本と中国の最大の相違点と言える。

しかし、過去の清算が終わった、終わっていないといくら争っても結論は出てこない。**個人的には、安倍首相が提唱する「戦略的互恵関係の構築」が正しいと考える。**

問題は、日本の外交戦略において中国を戦略的互恵関係の相手国として位置付けていないことである。同様に中国も日本をそのような位置付けにしていない。実際は、日中双方が相手を常にライバル視している。

近年、中国経済は成長し続けている。それを受けて日本は自らの力で中国に対抗できなくなった。日本は日米同盟を強固にし、中国に対抗しようとしている側面がある。日米同盟を強固にすることは日本にとって正しい選択だが、中国に対抗しようとする考えは「危ない賭け」となる。**なぜならば、米国は本音では中国に対抗しようとしていないからである。**

日本は他力本願の外交戦略の危険性を再認識すべきである。

## 戦略的互恵関係のあり方

かつて福沢諭吉によって提唱された「脱亜論」の一番の問題は、日本がアジアのリーダーとしての資格を放棄したことにある。

日本にとってアジアの後進国と付き合わない選択肢はない。この立ち位置については今の日本も全く同じである。

米国は「アジアにカムバックしよう」(リバランス政策)と宣言したが、今の米国にはアジアのことにこれ以上介入する余力はない。結局のところ、米国は同盟国の日本や韓国に協力を求めるしかない。

しかし一方で、否定できない事実として、アジアには反米感情の強い国や地域がある。それゆえに日本は日米同盟を強化しようとするあまり、アジアにおける影響力を急減させていることに注意しなくてはいけない。

日本のマスコミでは、中国と東南アジア諸国の間で南シナ海の領海をめぐる紛争があることが誇張されたあまり、中国と東南アジア諸国の関係悪化が避けられないのではないかとする見方も生じている。しかし**中国は領土・領海の所有権をめぐり、ベトナムやフィリピンなどと対立しているが、それ以外の経済協力関係などは続いている**のも事実である。

その中で問われるのは、日中関係のあり方である。安倍首相は中国との戦略的互恵関係の構築を提案している。戦略的互恵関係とは「ウィンウィン」の関係である。しかし、戦略的互恵関係を構築するには、日中は互いを政治外交において戦略的に取り扱う必要がある。ここ10年来、日中は互いを戦略的に取り扱ってきているとは思えない。

２０１５年は終戦70周年に当たっていたが、日中両国は戦争の負の遺産をまだ完全に処理しきれていない。日本は未来志向で前へ進もうとしているが、戦争の負の遺産は邪魔になっている。日本の総理大臣は中韓両国首脳とはこれまでの10年間、首脳会談をしてはきたが、膝を突き合わせて深いレベルでの対話をしてこなかった。日中韓の隔たりは埋まっていない。

こういった歴史認識の問題について日本の識者は、中韓両国内で高まるナショナリズムによって反日感情があおられていると指摘する。

しかし、**ある事柄の原因をすべて相手国に押し付けるやり方では、問題の解決法を見いだすことができない。**歴史認識をめぐり双方が対立しているため、もう一度、戦争の歴史を再認識する必要がある。

**ただし当事者双方が謙虚な気持ちを忘れてはならない。**もし過去の戦争が侵略戦争であることまで否定されれば、東アジアの国際情勢は安定しない。すなわち、歴史認識と再認識は詭弁《きべん》の上に成り立つことはない。

重要なのは歴史の事実を認識し、これからの戒めとすることである。**もっぱら相手国の過ちを探し、それを指摘するのは歴史認識の目的ではない。**未来志向の観点から歴史認識は建設的でなければならないと考える。

# 第8章

# 醜い中国人

1980年代初期、中国で、ある1冊の本がベストセラーになった。

台湾の作家柏楊氏が著した『醜い中国人』（邦訳 光文社）である。それまで、**中国および中国人に関する本のすべては中国を謳歌するものばかりであり、自己反省する本はほとんどなかった。**

この本の中で、柏氏は、米国人が書いた『醜い米国人』は、後に米国務省が指定した参考書になったが、日本の駐アルゼンチン大使は『醜い日本人』を書いて、辞職させられた（同書第1章）と指摘している。

さらに最悪なのは、『醜い中国人』を書いた中国人（台湾）作家柏氏はかつて「郭衣洞」というペンネームを用いていた頃、台湾で蔣介石の逆鱗に触れ投獄されたことである。（同書「あとがき」）。

**一般的に、中国人は「自己反省」を自虐と見なし、それを許さない。**

今でも、インターネットなどで中国のことを批判すると、それが好意的なものであっても必ず「売国者」とののしられる。

中国の教科書には、「中華民族は世界で最も勤勉な民族である」と書かれている。それに対して、柏氏は自らの著書の中で中国人が汚くて、公共の秩序を守らない、中国人同士が互いに裏切る、という醜い言動を列挙した。

このような率直な自己反省は台湾でも認められず、結局のところ、著者が投獄された。

ある米国人の研究者は国が持続的に発展するには、inclusive（寛容性）が必要不可欠であると指摘している。柏氏の境遇を見れば、今日の中華民族の寛容性は驚くほど低い。**おそらくこの点が近代になってから中華民族が次第に没落した遠因の一つであろう。**

では、なぜ中国大陸、すなわち、北京政府はこの本の出版を認めたのだろうか。

１９８０年代に入り、中国は「改革・開放」政策を推進し、台湾政策も転換した。それまでの「台湾との対立」から融和に転換し、台湾の人のふるさと訪問も積極的に受け入れた。

その文脈において、**台湾の国民党政府によって迫害された作家を中国で優遇することは国民党政府に圧力をかける意味がある。**

柏氏はその中心人物の一人であり、シンボル的な存在だった。

『醜い中国人』には共産党を批判する箇所はまったくなく、中華民族の欠点や弱点を批判するものだった。北京では、共産党さえ批判しなければよく、台湾人を大陸に団結させる必要性からも受け入れられた。

**しかし、この本の真の大きな価値は、数千年の歴史の中で中国人が初めて自己批判を行い、受け入れたことにある。**

## 1 基本的に利己主義

### 「人々為我、我為人々」

先に触れた通り、長年、共産党の道徳教育はある「模範的人物」を宣伝し、学校から国有企業まで国民に習わせる方法を取ってきた。その「模範的人物」の典型は雷鋒という若い人民解放軍兵士だった（147頁参照）。

そして、「雷鋒に学べ」のもう一つのスローガンは「為人民服務」だった。すなわち、人民に奉仕せよということである。このスローガンは今も掲げられている。本来は、人民に奉仕するのは共産党幹部に対する呼び掛けだった。人民に対して人民に奉仕せよと呼び掛けるのは文脈的におかしい。

しかし、ほとんどの人はこのスローガンを真剣に受け止めなかった。「改革・開放」政策に入ってから、**「人民に奉仕する」というスローガンに取って代わり、学校では「人々為我、我為人々」という言い方がされるようになった。**これは英語のAll for one, one for allの中国語訳である。若者にとっては人民に奉仕するというスローガンよりも受け入れやすい。

問題は社会の風潮は全く反対だったことだ。**すなわち、「みんなが私のために、私も私のために」、というのが人民の本音である。**

特に、「一人っ子政策」が徹底されたため、家の中では、両親と祖父母はすべて一人っ子のために働いてきた。その一人っ子自身は「他人のために」という概念すら頭の中にはない。その結果、もともと中国社会に深く根差している利己主義はこれまで以上に蔓延《まんえん》したのである。

## 器「天下為公」

筆者は南京で生まれ育った。南京には、中山陵という旧跡がある。そこには国父である孫文のお墓がある。しかし、その造りと規模からすれば、それはお墓ではなく、孫文の理念と信念を後世に知らしめるための廟《びょう》といった方がよいだろう。

紫金山という山の一面を削って造られた中山陵の頂に位置する霊廟に孫文直筆の「天下為公」が掲げられている。**孫文は世界中にこの四文字の書を残した。残念ながら、「醜い中国人」の多くは孫文の遺志を受けついでいない。**

周恩来元首相が生前、最も多く口にした言葉は「公僕」だった。**周恩来という人は多面性に富んだ人格者であり、一言では評価できない存在である。**多くの史料から見れば、周恩来は「公僕」である前に、毛沢東の最も忠実な信奉者であった。時には、自らの人格を曲げてまで毛沢東に服従した。

毛沢東が設立した中華人民共和国という国では、人民は共産党を愛し、総書記（最高権力者）に服従しなければならない。すなわち、毛沢東が信奉したのは、「天下為公」ではなく、「天下為我」という王のような考えである。

言葉には力がある。しかし、言葉で表現したことに行動が伴わなければ、力は出てこない。米国が民主主義の国でなければ、リンカーンはゲティスバーグで行った「人民の、人民による、人民のための政府」という演説がどんなに巧みであったとしても、そこにどんな意味があっただろうか。米国は民主主義であることを常に追い求めているので、リンカーンの演説は不朽の名演説になった。

中国では、「為人民服務」や「天下為公」という言葉そのものは決して間違っていなかったが、それを言い出した本人も実行しなかったので、**単なる言いっ放しの宣伝で終わってしまった。**こうした建て前のスローガンが飛び交う中で、中国社会では、利己主義は急速に蔓延するようになった。「すべての人は我のためにだけ頑張る」。このようなスローガンを持つ社会はどれだけ恐ろしいものなのか、考えるだけでぞっとする。

仮にかつての中国社会に醜くないところがあったとしても、ここ30年あまり、醜いところが急増したのは事実である。

中国社会では、人々の行動規範になるものが失われ、自らの利益を最大化する価値観だけが残ったのである。

## 2 基本的に短期的視野

### 中国人の昨日、今日と明日

習近平国家主席は就任当初から国民に対して「中国の夢」の実現を呼び掛けた。夢とは今日のこと、というよりも、明日のことである。「中国の夢」は明確に定義されていないが、要するに、今日よりも明日はもっと良い生活を実現できるという考え方のようだ。

実は、**多くの中国人は昨日のことには無関心であり、とっくに忘れている。明日のこと**

**も期待できない。重要なのは今日のことだけだ。**

今日のことしか考えられない民族は近視眼的になりがちである。習近平政権になってようやく、経済改革について「頂層設計」という考えが取り入れられた。これは、あらゆる改革は思いつきで行うべきではなく、綿密なアーキテクチャーに基づいて行うべきであるという考え方である。これはまったく正しい。

アーキテクチャーのない改革は必ずや足元の状況を改善するための取り組みになり、長期的な構造改革には貢献しない。**習近平政権のチームで、鄧小平式の改革の問題点を認識しているのは一人や二人ではない。**それ故、アーキテクチャーを取り入れることが強調されたのだ。

しかし、改革のアーキテクチャーは共産党の統治を維持することを前提にしている。**実は、多くの改革が共産党の統治という壁に阻まれているために前進しない。**

例えば、かつての国営企業の存在はマクロ経済の非効率性をもたらしていた。だから国営企業を改革しなければならなかったのだが、国営企業を民営化すれば、共産党の支持基盤が崩れてしまう恐れがある。従って、**国営企業改革は経営機能の改革に終始し、抜本的な所有制改革はこれまで行われてこなかった。**

現在、李克強首相は「**許認可制改革に着手する**」と述べている。許認可制度は、経済の効率化を妨げるだけでなく、共産党幹部腐敗の温床でもある。ただし、許認可制度は共産党が経済をコントロールする手段でもある。

**許認可制度改革は日本語で言えば、「規制緩和」である。**

共産党にとって経済をコントロールする手段を失うことは考えられない。許認可制度は改革しなければならないが、それを本気で進める「合理性」は残念ながら中国国内では見当たらない。

## ■古典を用いて現状批判

米国人と会話をすると、過去のことや現在起きていることよりも、将来のことを語るのが好きなことに気づく。そのことは「アメリカン・ドリーム」という言葉に凝縮されている。

旅をすると、いろいろな国の人と出会うが、この人は米国人だとすぐに分かるのは、その性格の明るさである。過去のことをほとんど振り返らない国民は決まって明るいはずである。

**中国人は今、起きていることを説明するために、過去の古典を持ち出すことが好きである。**中国人は基本的に将来のことを語るのが得意ではない。なぜならば、将来のことなど分からないから、語っても意味がないと思っているからである。

とはいえ、過去のことばかり語っても、目の前の問題が解決されない。従って、中国人が最も得意とするのはやはり目の前のことである。

こうして見ると、中国人の大半はリアリスト（現実主義者）であり、米国人の大半はロマンチストである。

この10数年来、中国では歴史劇が流行っている。日本人は時代劇を見る時に、歴史そのものを楽しむであろうが、中国人が歴史劇を作るのは目の前の不満を風刺するためである。

例えば、歴史劇の中では和珅《わしん》という清王朝の高官に関するものが多い。和珅は清の第6代皇帝、乾隆帝の時の政治家だが、歴史上、最も裕福な人の一人とされる。そのお金のほとんどが収賄と着服によって蓄財されたものである。**作家たちが和珅の物語をドラマにするのは現在の共産党幹部に対する不満があり、それを示唆したいからである。**

このことについて中国語には「**古為今用**」という便利な熟語がある。**すなわち、古典は、今、用いるためにあるのだということである。**

建て前は別として、中国人の本音は常に目の前のことに焦点を当てている。中国人の価値観は明日のことを心配するよりも、目の前のことを心配するところにある。**だから中国人の自殺願望は極めて低い。**歴史を振り返れば、文化大革命の時、多くの知識人と共産党幹部が迫害されたが、人民は自殺せずに最後まで耐えた。

中国人が自殺するのは明日のことを心配するというよりも、目の前の生活が困窮し、これ以上やっていけなくなった時である。

この点は日本人と大きく違う。

日本人は目の前の生活がどんなに満足できたとしても、明日のことを心配する。

日本で、中国に由来することわざの有名なものの一つは「備えあれば、憂いなし」ではないだろうか。

もし、中国人が日本人と同じような心配性になれば、大半の中国人は自殺するだろう。

日本では、ビジネスなどでどんなに成功した人でも、よほど日本人離れしていなければ、控えめに行動し、常に控えめな生活を送る。

それに対して、**明日のことをほとんど考えない中国人は毎日の生活を楽しもうとするので、ビジネスなどに成功した人たちは派手な生活を送る。**中国人には「控えめ」という遺伝子はない。

外国人で初めて北京を訪問する人は全員、建物の大きさなど、そのスケールの大きさに圧倒されるだろう。実は、北京のスケールの大きさは経済が発展してからできあがったものではない。人民大会堂という国会議事堂に相当する建物は、経済がまだ復興を果たしていない時に作られたものである。

共産党指導者としての毛沢東には、経済が発展してからゆっくり大規模な建物を建てるという考えはなかった。これは毛沢東個人の性格によるものというよりも、中国人の遺伝子に起因するところが大きい。

**共産党幹部は近視眼的な人が多い。それもその遺伝子によるものである。**

## 3 批判を聞き入れない中国人

### 非を認めると権威に傷がつく

文化大革命の時、いったいどれぐらいの人が迫害を受け、亡くなったのかについて正確な統計はない。一つだけはっきりしているのは犠牲者は百万人単位ではないということだ。

1978年、鄧小平が復権し、「改革・開放」政策を推進した。

その時に、胡耀邦総書記は保守派の反対を押し切って文化大革命の時に迫害された知識人や共産党幹部の名誉を回復した。

しかし、**犠牲者は名誉こそ回復したが、共産党中央は犠牲者およびその家族に正式に謝罪していない。**共産党の「文脈」においては、毛沢東はミスこそ犯したが、党は間違いを犯さないということになっている。

ここに一つの「誤解」がある。すなわち、共産党の存在は絶対であるため、党が過ちを認めれば、その存在が脅かされると思われていることだ。だからこそ党がどんな過ちを犯しても、絶対に謝罪はしない。これが「誤解」でしかないというのは、「共産党が自らの非を認めてはじめて国民に支持される」と私は考えるからだ。非を認めることは共産党の崩壊につながることにはならない。

政府が非を認めないのは権力を維持したいからである。

民主主義の体制において政府が過ちを犯した場合、仮に非を認めなければ、次の選挙では落選する可能性が高くなる。

一党支配の中国の政治体制においては、過ちを犯したことを認めた場合、政府の権威に傷がつくと思われている。

しかし、大きな事件が起きた時には、誰かが責任を取らないといけない。その場合、**党の権威を守るために、誰かをスケープゴートにするというのが中国の政治文化である。**だからこそ独裁政治は恐怖政治となる。

習近平政権になってから、共産党中央はかつてないほど本格的な腐敗撲滅に取り組んでいる。これは「虎も蠅も叩く」という言葉で表現されている。

虎というのは腐敗した高級幹部のことで、蠅は階級の低い幹部である。

これまでの3年間、どれほどの腐敗幹部が捕まったのかについては正確な統計がないが、10万人に達すると見られている。

政治学者によれば、今回の「反腐敗」は権力闘争の一環と指摘されている。

そうであるとすれば、腐敗幹部として捕まった者の中には冤罪《えんざい》もあるのかもしれない。

しかし、多くの研究者が指摘するように、党中央にとって幹部が腐敗することは都合のいいことである。というのは、腐敗があってこそ、党中央の反腐敗が恐れられるからである。恐怖政治は権威を確立させることができる。
今回の反腐敗はすべての腐敗幹部を捕らえるのではなく、習近平国家主席の権力基盤を固めるために、**選択的に腐敗幹部が捕らえられている。**

**共産党中央が安心して腐敗幹部を捕らえることができるのは共産党中央の任命責任が問われないからである。**

かつて、林彪元国家副主席はソ連へ亡命しようとして、搭乗した飛行機がモンゴルで墜落した。この件について共産党中央は林彪反革命・反共産党集団による反乱と性格づけた。しかし、林彪を自らの後継者として指名したのは毛沢東本人である。毛沢東の任命責任は結局問われなかった。毛沢東は林彪にだまされたというのである。
本当に問われるべきは、あれほどの地位を得た林彪がなぜソ連に亡命しないといけなかったのかである。

## 言論統制の目的

中国政府・共産党の基本的なスタンスは社会の安定維持が何よりも大事だということで

ある。これを中国では「**穏定圧倒一切**」と言う。ここでの安定は共産党の統治体制の安定と置き換えることができる。

なぜ中国では、言論と情報を統制しなければならないのだろうか。

その理屈は簡単である。すなわち、**言論と情報を自由化すれば、政府にとって都合の悪い情報を国民が知るようになり、それは社会不安をもたらす原因になる**ということである。むろん、社会の安定を担保する一番いい方法は、国民に知られて困るようなことをしないことである。しかし、専制政治の権力者にそれを求めるのはそもそも無理な注文である。

国民に対して、言論と情報を統制する大義名分は社会安定の維持と経済発展の持続であるが、実際は権力を維持するためのものである。

確かに、経済が持続して発展するには、安定した社会環境が必要である。しかし、社会が不安定化する原因は、言論と情報の自由化ではない。**国民が政府に都合の悪い情報を知り過ぎると社会が不安定化するという理解は明らかに間違っている。**

## 今も続くイデオロギー論争

中国では、左派と右派の対立が先鋭化しているが、それはほとんど心の問題に近いものであり、正解を見いだすことができない。

左派は毛沢東時代の平等を称賛するが、それは国民全員が貧しかった時代の平等である。また、毛沢東時代には共産党幹部の腐敗が少なかったが、一方で基本的な人権が尊重されていなかった。毛沢東時代の中国社会は決して理想の社会ではなかった。

リベラルである右派の主張も十分な説得力を持たない。

経済の自由化によってＧＤＰこそ拡大したが、共産党の特権や所得格差も拡大した。**一部の右派知識人は国有企業の完全民営化を提唱しているが、それはロシアや東欧の轍を踏むことになる**と思われる。

また、民主主義に向けた政治改革は重要であることは間違いないが、中国の社会構造と国民の教育レベルとモラルに照らし合わせれば、民主主義の導入は現状では悲劇を生む可能性がある。

右派と左派が現在の中国社会について不満を募らせていることは共通している。しかし、中国社会を専制政治から民主主義の社会へ安定的にリードしていくロードマップは十分に提示されていない。

結局のところ、習近平政権は右派にも左派にも警戒しながら、共産党一党独裁の政治を続けるが、時間が経つにつれ、右派からも左派からも見放される可能性が高い。これは中国社会における政情不安の最大の原因となる。

かつて鄧小平の時代、資本主義の自由化は「精神面の汚染」であるとして共産党内部で大々的に批判されていた。むろん、**自由というのは主義や主張と関係なく、人間として持つ共通の権利である。**民主主義の社会で人々が自由を享受できるのはその社会の構成員全員が完全に平等ではないが、公平に自由を持つことができるからである。

専制政治体制では権力者の特権が担保されている代わりに、草の根の民の自由はおのずと侵されてしまう。すなわち、いかなる社会でも1人当たりの自由を仮に「1単位」と計上した場合、専制政治の権力者はその数億倍もの自由を独占しているため、その草の根の民の自由は大きく割り引かれてしまうということだ。

最高実力者だった鄧小平はこのようなイデオロギーの論争を阻止するために、社会主義だろうが、資本主義だろうが、発展することは一番であるとの有名な談話を発表した。「改革・開放」のゲートウェイだった深圳市にはいまだに鄧小平の肖像画と「発展是硬道理」の言葉が記された看板が立っている。

この鄧小平理論と呼ばれるものの神髄はあの有名な「白猫であろうが、黒猫であろうが、ネズミを捕れた猫がいい猫である」という考えである。

社会主義のイデオロギー論争は、経済成長を妨げる要因であるが、それが絶えず続いている。習近平政権になってから、再びイデオロギー論争が台頭している。それは社会主義路線がどうかをめぐる論争というよりも、実際は共産党を擁護するかどうかという議論に集約される。

# 4 歴史的分水嶺に差し掛かる中国

## 中国人のどこが醜いのか

中国の教科書では、子供たちが中国人としての誇りを持つことを喚起するように、「中国がいかに素晴らしい国か」について詳しく書かれている。

国土は広く、資源も豊富であり、人民は勤勉であるなどと書かれている。同時に、「中華人民共和国が成立する前の中国人は力が弱い国民であったため、列強に侵略された」とされている。共産党指導体制の下では富国強兵が実現しているので、再び列強に侵略されることはないとも書かれている。

**このようなナショナリズムによって、若者を中心に愛国心を喚起していった**のである。少なくとも建国初期においてはこうした形で若者の愛国心が喚起され、共産党を擁護していた。今、時代の変遷とともに、愛国教育の効果は次第に減退している。

しかし、実際の中国は国土面積は確かに広いけれども、資源の豊かさは実感できない。都市部では、大都市でも1970年代までは石炭を焚《た》いていた。都市ガスが普及したのは、1980年代に入ってからである。

何といっても、ショックだったのは、先に触れた通り、柏楊氏が著した『醜い中国人』が中国本土で出版されたことである。

柏氏の本には「中国が汚い」「怠け者である」「秩序を守らない」などといった、それまで中国人が考えもしなかったことが列挙されていた。

**不思議なことに柏氏の論評に反論する中国人はほとんどいなかった。むしろ、官製メディアでも「そうだ、そうだ」と肯定する論評がほとんどだった。**

中国人は本当に醜いのだろうか。

ある時、タイのバンコクから中国に飛ぶ飛行機の中で、数人の大人が席がばらばらに配席されたことに怒り、カップ麺をスープごと乗務員に投げつけて、その場で逮捕されたという事件があった。

こういう醜態はたまに起きることかというとそうではない。私が深圳に出張した時に実際に見たのだが、雷雨により、飛行機の離陸が大幅に遅れることとなったことがある。航空会社は、「何時に飛べるか分からない」と繰り返し説明していたのだが、一部の乗客は仕事に間に合わないことを理由に暴徒化し、ファーストクラスのコンピューターなどを破壊してしまった。

中国人の醜態を列挙してもきりがない。世界から中国人がどう見られているのかを知り、中国人としての文明度を上げなければならない。柏氏の本を読む限り、単に中国人を罵倒《ばとう》するのではなく、中国人を戒める意味合いの方が強く込められている。

かつて、蔣介石夫人の宋美齢氏は「礼儀を知る、国民的キャンペーン」を繰り広げたことがある。彼女はファーストレディとして、国民に対して、歩く時は、道の右側を歩くように（注・中国の車は右側通行）と話した。

だが、宋美齢の「説教」は最終的に失敗に終わった。説教そのものがいけなかったというよりも、戦乱の中では、右側通行だろうが、左側通行だろうが、人々はまるで気にしなかったからだ。

春秋時代の斉の桓公の宰相、管仲はその著書「管子」の中で「衣食足りて礼節を知る」と語っている。しかし、衣食が足りたからといって必ずしも礼儀を知るとは限らない。

これも以前、上海出張の時のことだが、「錦江飯店」という有名なホテルの前を通ったところ、ホテルの車寄せから1台のロールスロイスが出てきた。ホテルのボーイがいきなり私のところへ飛んできて、「どけ、どけ」と叫んだ。普段は、汚い言葉を口にしないのだが、その時はとっさに「お前は犬か」とそのボーイを罵ってしまった。

この経験から気が付いたのは、社会生活において最も重要なのは人に対する尊敬であるということだった。

## 「愚民政策」の結末

ここまでの議論を整理すれば、中国は社会主義体制を持続しようとしているが、その目的を達成するには自らにとって都合の悪い情報を遮断し、人民を「愚民化」していく必要がある。そのために、政府はそのプロパガンダを行い、同じような「政治的説教」を繰り返していくことが重要であると考えている。

２０１４年、中国の教育部長（文部科学大臣）は「学校では西側の価値観を教えてはならない」という談話を発表した。今さらこんな発言にどんな意味があるかと思われるかもしれないが、現下の政治環境を反映した発言とも言える。

中国社会は歴史的な分水嶺に差し掛かっていると見られているが、独裁政治がこれ以上強化されれば、「改革・開放」政策は頓挫《とんざ》する恐れがある。むろん、それは独裁政治が原因というよりも、独裁政治の社会基盤を成している中国人の醜さが原因であると言うべきであろう。

# あとがき

本書を閉じるに当たり、特筆したいのは時事通信社とのお付き合いである。筆者は現在の研究所に入社する前に、銀行系のシンクタンクに在籍していた。当時、銀行の内部管理規則では、若手の研究員はメディアに論文や記事を発表することがほとんど許されていなかった。その理由は間違った論調のものを書いてしまうと、銀行の信用に傷がつくかもしれないからだと言われていた。

1997年7月、アジア通貨危機が勃発し、日本の金融機関の信用格付けが大きく引き下げられた。特に、筆者が所属していた銀行は信用格付けが下げられるたびに、株価も暴落した。その影響を受けて銀行の内部管理が徐々に緩んでいった。これは筆者のような若手研究員にとって大きなチャンスとなった。その時に、人民元の為替レートの動向に関する論文を書いた。しかし、寄稿できるジャーナルは知らない。ひそかに先輩の同僚に相談したら、「時事通信が出している『世界週報』の重城さんという方に相談してみたら」と言われた。恐る恐る『世界週報』編集部に電話してみたら、「原稿をファックスしてもらえれば、検討してみます」と重城さんに言われた。

数日後に、重城さんから電話をいただいた。「編集長と相談しました。ぜひ掲載させていただきたい」と言われ、「ぜひよろしくお願いします」と答えた。後日、雑誌が送られてびっくりした。自分が書いた記事がまさか『世界週報』のカバーストーリーを飾るとは思っていなかったからだ。むろん、研究所は解散の危機に陥っていたので、無断でジャーナルに寄稿したことは注意もされなかった。

しかし、後にこの記事が自分の転職において重要な役割を果たすとは、当時は知る由もなかった。通貨危機の勃発から1年後、自分が所属していた銀行本体はいよいよ崩れかけるが、その時に、ある友人から電話をもらい、「よければ、富士通総研への転職を考えてみないか」と誘われた。「それは条件次第」と強気に言った。面接前に、富士通総研の会長と社長は『世界週報』のあの記事を読んでくれていた。面接はきわめて順調で、その場で採用された。採用されたのは『世界週報』のおかげと言っても過言ではない。

それ以降、一度は時事通信社に恩返しをしたいと考えてきた。今回はそのチャンスの到来である。最初に、本の企画を持って出版事業部長の舟川修一氏に相談したら、出版局の幹部の皆さんに取り次いでくださった。本書の執筆において松永努社長は大いに激励してくださった。また、本書の編集を一手に引き受けてくださった坂本建一郎氏に多大な迷惑をおかけした。ここで、時事通信社の関係者の皆さんに心より御礼申し上げる。

最後に、2015年4月から会社の事情により、それまで所属していた経済研究所から離れ、本庄滋明社長の直属の研究員となり、これまで以上に自由な立場で中国研究に取り組むことができるようになった。ここで謝意を表する。また、筆者の研究を心から激励してくださった富士通本社の山本正已会長、田中達也社長、間塚道義相談役および伊東千秋前富士通総研会長にも感謝したい。さらに、日ごろの研究を陰でサポートしてくれている福竹直子研究アシスタントにも感謝する。

振り返れば、27年前に私費留学生として来日して、名古屋で学部を卒業し、大学院で修士学位を取得した後、まったくの新天地である東京に乗り込み、今日まで頑張れたことは実に感無量である。これは周りの日本人の皆さんのサポートに加え、家族の支えのおかげである。妻と娘にかけた迷惑は言葉にできないほどであり、いくら感謝してもしきれない。

私には日中関係を改善するまでの力はないが、中国のことを少しでも理解してもらえれば、間違いなく日中関係の改善に貢献できると信じている。これが本書を執筆しようとした初心である。

【著者紹介】
柯　　隆（か・りゅう）

富士通総研　主席研究員。
1963年中国・南京市生まれ。1988年来日、愛知大学入学。1992年愛知大学卒業。1994年名古屋大学大学院経済学研究科修士課程修了（経済学）。長銀総合研究所研究員を経て、1998年より富士通総研経済研究所主任研究員。2006年富士通総研主席研究員。静岡県立大学特任教授、広島経済大学特別客員教授、アジア経済研究所業績評価委員、財務省外為政策審議委員、国際経済交流財団Japan spotlight編集委員、財務省財務総研中国研究会委員などを歴任。時事通信内外情勢調査会講師。

爆買《ばくが》いと反日《はんにち》
中国人《ちゅうごくじん》の不可解《ふかかい》な行動原理《こうどうげんり》

2016年3月12日　初版発行
著　者：柯　隆
発行者：松永 努
発行所：株式会社時事通信出版局
発　売：株式会社時事通信社
〒104-8178　東京都中央区銀座5-15-8
電話 03(5565)2155　http://book.jiji.com

装幀　千葉哲彦（ティーシーディーエス）
DTP　一企画
印刷／製本　中央精版印刷株式会社


ISBN978-4-7887-1444-1 C0030 Printed in Japan